女生必备
恋爱枕边书

爱后即焚
恋人的最高机密档案

MY HAPPILY EVER AFTER

# 眼泪是灰烬里的钻石

Tears are the ashes diamond

吴若权/作品
Eric Wu

中国出版集团
现代出版社

每一次的爱情，
都是一次生死轮回。

所以，
现在就当作我们相爱在彼此的最后一世吧，
无论之前我们错过了多少，
也不要期待来生再弥补些什么，
只求无怨无悔、无憾无恨地尽情相爱一场，
就已经足够了。

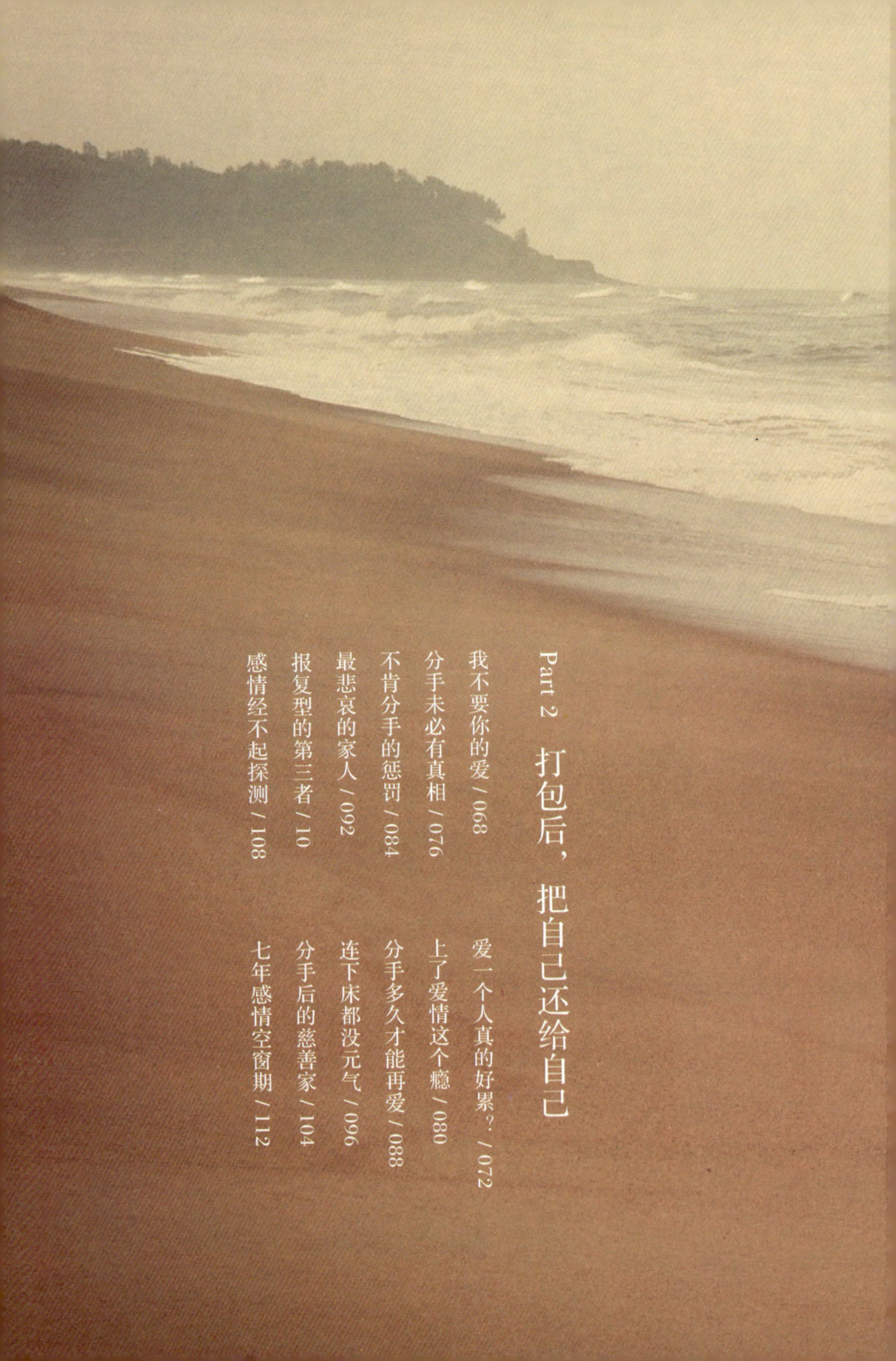

## Part 2 打包后，把自己还给自己

# contents

# Part 4 还拥有，牵了手就不放手

contents

## Part 3 走远了，感谢曾经的相遇

# 自序 /

爱未来时，不强求；
爱要走时，不强留。

心再软，也要勇敢。
在热烈付出的同时，
拥有让自己不受伤的能力。

相爱，预留转身的余地；
分手，不留遗憾的痕迹。

爱后即焚，
眼泪是灰烬里的
钻石

你曾经为爱落泪吗？永远要知道，那些流过的眼泪，在热爱燃烧殆尽以后，将化为藏身在灰烬里的钻石。每一颗眼泪，都是经过伤心锻炼的闪亮钻石，将璀璨于你往后的幸福人生。

总要遇过几个人、经历几件事，我们才终于知道：每次面对一段感情，都是交付自己去完成一项不可能的任务。无论这段感情维持了多久、至今是不是还在一起、彼此还有没有依恋……各种形式的结局，完全不影响你在爱恋过程中，对自己勇敢地付出的赞叹。

只不过一路走来，伤痕累累的你，疑惑地问自己："如果有机会再让我遇上一个人、谈一段感情，我还有没有当年的勇气？"

是啊，当年的勇气。当年，是在你几岁的那一年？十七岁的欲拒还迎、二十岁的义无反顾、三十岁的蓄势待发、四十岁的经验丰富、五十岁的随缘自在、六十岁的百般珍惜、七十岁的感恩知足……

在爱情面前，你是年纪渐长愈有智慧，还是累积沧桑裹足不前？

多么希望每一次爱来的时候，就像汤姆·克鲁斯（Tom Cruise）主演的电影《不可能的任务》（Mission Impossible），收到一卷提示任务的录像带，然后阅后即焚。里面的内容，是情人间得以幸福相处的最高机密档案，你曾经努力地策勉自己，过目不忘，然后在相爱的互动中，既惊险又享受地拥抱所有的欢愉与悲伤，直到有一天，不得不分离，或是很幸运地，你认为两人可以永远在一起，最后，连这样的幸福百科都可以舍弃。因为所有珍贵的记忆，其实都已经存在心底。

阅后即焚，是当代计算机网络科技的新观念。浏览网页过后，逐一清理。我们不再需要长期拥有太多图文信息，无论是幸福的喜悦或失落的悲伤，都只在当下发生而已，允许它随着时光流去。

爱未来时，不强求；爱要走时，不强留。不用特别记得；因为从未忘怀。不要因为承载太多往事、学会太多道理、流过太多眼泪，让美好或伤心的记忆，成为让自己再爱一次的障碍。如同我说过的："真正的爱，不是在一起时，你能对他有多么好；而是有一天，若必须分离，你能甘心情愿地放手。"无论是放走他或放下自己，所有的发生都是为了让我们学习成长。相爱的时候，且行且珍惜；当爱已逝去，且行且跨越。

于是，我们愿意洒脱，让心自由。

爱后即焚。心再软，也要勇敢。正因为遇过几个人、经历几件事，我们才终于学会：相爱，预留转身的余地；分手，不留遗憾的痕迹。在热烈付出的同时，拥有让自己不受伤的能力。即使感情必须结束于其中一方的舍弃，都能把伤心锻炼成勇气。

这一次坚强，是为了下一次柔软！永远不要失去爱的能力。不论爱过几个人、分手过几次，都要保有自信。离开的时候，把幸福留在当初许诺的原地；即使千山万水，都能找回莫忘初衷的自己。

《眼泪是灰烬里的钻石：爱后即焚——恋人的最高机密档案》是我的第101部作品，收录恋人相爱所需要的四个最高机密档案、五十篇将感情经验淬炼成钻石级智慧的文字，献给爱过以后，仍想要继续勇敢的你。

# 〈自序〉爱后即焚眼泪是灰烬里的钻石

- 相爱所需要的最高机密档案。
- 五十篇将感情经验淬炼成钻石的智慧观点。
- 献给爱过以后，仍想要继续勇敢的你。

原来，
在你爱上我的那一刻，
我曾经如此动人，连我自己都未曾发觉。

对于那一瞬间的光芒万丈，
多年以后的我，
总是心存感谢。

# Part 1

# 爱还在，就忘不了那些事

# 永远记得我爱你。

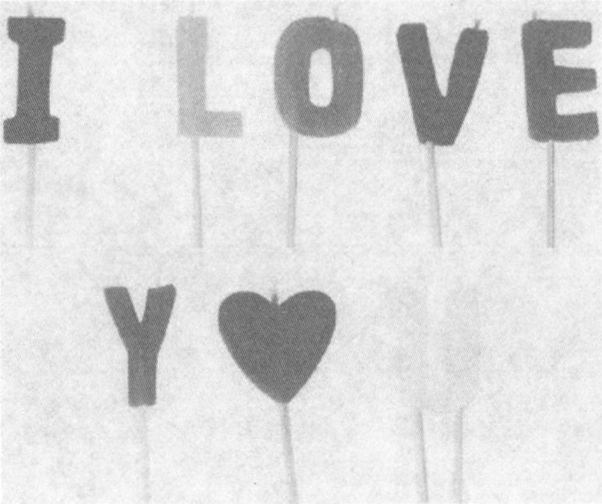


直到有一天对方转身离开，
爱只能留在心底，
我才悄然忆起这句“永远记得我爱你”。
内心顿时浮上惆怅、温馨、不舍与遗憾，真是百感交集。

小时候她被送去学舞蹈，刚开始很有兴趣，也很耐摔，不管跌过几次，都不会哭。

回家后，爸爸看到她腿上的瘀青，以及她坚强忍痛不哭的表情，心疼地抱着她，在她的耳边轻声说：“永远记得我爱你。”

再大一点，几次参加比赛，都名列前茅，她开始有了得失心。针对艰难的动作，不断反复练习，发现自己一直无法做到心目中的完美，常在梦中哭醒。

最疼爱她的爸爸无能为力，只能紧紧抱着她说：“永远记得我爱你。”

她那时年纪真的好小，尚未经历人生的别离，只是感动于爸爸常在关键时候说出的这句“永远记得我爱你”，虽然知道这句话是她的依靠，也可以给她力量，却不知道说这句话的人，内心有多少心疼、不舍和无奈。

长大以后，她爱过几个男人，经过几次离别，无论对象是谁，却从来没有人对她说过这句话：“永远记得我爱你。”他们通常只是很尽力地说出“我爱你！”，用来表达当时的爱意或交换彼此的信任，甚至得到她的身体。而她也因此渐渐生疏了“永远记得我爱你”这句话里隐藏的深情与祝福。

直到她遇见他，总在她最难过、最不安、最无助、最挫折的时候，对她说出这一句“永远记得我爱你”，重新让她回忆起小时候爸爸无条件的付出以及那份藏在话语里的坚定不移。

而这个男生也曾在犯错时，为了请求她的原谅，说出“永远记得我爱你”，让她既心痛又感动。

是的，如果她真的能够“永远记得我爱你”，眼前的是非对错，或误解诱惑，就都不重要了。

原来，“永远记得我爱你”有这么丰富的层次。爱到深处，才会明白，那是相信、承诺、依赖、原谅、和解的通关密语，是恋人之间最亲密、也可能会是最心痛的一句。

当爱还在的时候，我不需特别用力去记住对方的爱，也不会需要刻意去忘记，因为爱就在我的眼前、我的身边。直到有一天对方转身离开，爱只能留在心底，我才悄然忆起这句“永远记得我爱你”，内心顿时浮上惆怅、温馨、不舍与遗憾，真是百感交集。

或许，我宁愿你只说“我爱你！”而不用说“永远记得我爱你”，因为我希望你永远在我的眼前、在我的身边，而不只是在我的心底。

然而，终究有一天，每个人都必须面对人生最后的别离，于是透彻懂得了珍惜对方曾经温柔地说过的这一句“永远记得我爱你”。

## 我爱你——

需要加上“永远”等时态才有意义的恋人词汇。

# 偷不走的美好时光。

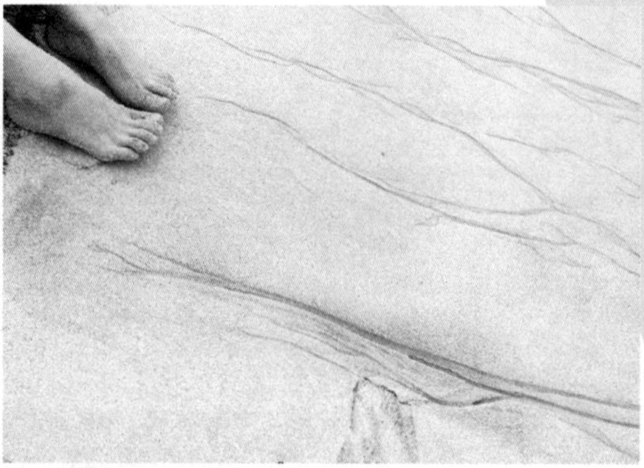

我们常感叹美好的时光过去了，却从未想过：
在那些不断消失的时光中，自己改变了多少？
并非时光真的那么无情无义，
而是我们对自己不够真情真性。

没有得到的东西，可能是最好的。因为我们永远会在心中，存着一份完美的向往。而最美好的时光，却可能都过去了。因为我们总在记忆中，不断玩味那些永远回不来的画面。即使其中曾有过一点遗憾，都被逝去的时光朦胧美化得像是毫无瑕疵。

尤其曾经谈过几段恋爱的人，后来维持单身很多年，必定其中有段逝去的感情令他非常怀念。甚至每当他有机会碰到一个可能发展恋情的对象，都会把那段美好的时光拿来做个比较。于是，那段永远回不来的时光，成为他感情中的一枚荣耀徽章，也可能是很大的一块绊脚石。

即使他年纪没有多大，甚至还没年过三十五，都常会在不经意中老气横秋地讲起“想当初我们在一起的时候……”。其实陪同他走过那段恋情的朋友都会知道，他所说的那段日子并不真正完美，甚至还有些遗憾。但有时候反而因为愈多遗憾，愈令他难忘。

我并不特别迷信星座，但身边确实有几位土象星座的朋友，很容易执着于过去。后来深入了解对方的经验与感受，发现有时候那是一种逃避现实的心态。

以古非今，不只是时事评论常用的老梗。很多人在谈及自己过去的恋情时，也不免掉落这个陷阱。

我听过无数个朋友说起类似的经验。印象最深刻也最爆笑的，莫过于一个女孩跟我说，大学时初恋男友都用脚踏车载她去上课，而刚分手的前任男友很爱骑自行车，却从来都没有想过要载她。

起初，我也很替她感到有点失落。但是，她的好友偷偷告诉我，她大学时不到四十公斤，现在已经超过五十公斤。

确实如此啊，我们常感叹美好的时光过去了，却从未想过：在那些不断消失的时光中，自己改变了多少？

并非时光真的那么无情无义，而是我们对自己不够真情真性。

如果没有用最真实的态度面对现实，就看不到自己眼前的美丽。

最美的时光，谁都无法偷走。它就在此刻的当下，当我们足够爱自己，愿意珍惜与把握，时光就用最美的姿态经过。

# 如果

用以说明过去的美好时光，
以掩饰后悔心情的发语词。

# 世界上
# 最温暖的地方。

如果曾在最冷的冬天，开始一段最深的热恋，
将会知道：世界上最温暖的地方，是彼此的怀抱。
两倍于三十七度的体温，所缠绵出的热情，爆出巨大的能量。

台北寒流来袭，气温降到摄氏十度以下；电话彼端，是住在吉隆坡的朋友，她说："这里热到爆，我每天都有快中暑的感觉。"和好友身处冷与热两个极端的地点，聊天时各自周边的气氛，像是理性与热情的交错。

她没来过台湾，但很向往。她想体会：冷到发抖，究竟会是怎样的感觉？

夏虫，不可语冰？（出自《庄子·秋水》："夏虫不可以语于冰者，笃于时也。"）意思是说：无法对生长在夏天的昆虫，谈论冰冻是什么。比喻时间会局限一个人的见识；也暗喻见识短浅。

我当然不会如此失礼地用这个比喻对待朋友，更何况她没有经验过寒冷的体会，是因为生长环境的地理位置差异，所造成的隔阂，并非她不愿意学习或成长。而且，冷与热，若只是来自感官的觉察，还是不免流于肤浅；真正对冷与热的深刻体验，其实是深爱过的那颗心。

如果曾在最冷的冬天，开始一段最深的热恋，将会知道：世界上最温暖的地方，是彼此的怀抱。两倍于三十七度的体温，所缠绵出的热情，爆出巨大的能量。

而相对的是，无论任何季节，若一段恋情即将结束于对方的谎言与背信，他的胸膛也将会是最令你寒战的地方。即使存在与彼此之间的回忆，还残存着余温，他的无情无义，足够让你不寒而栗。

唯有经历过感情的沧桑，我们才学会真正地体验：原来，世界上最温暖与最寒冷的，最熟悉与最陌生的，竟都是同一个地方。

无论是彼此的怀抱或者是对方的胸膛，那些我们所依恋或憎恨的，都是因为爱的牵绊。

趁热情还在的时候，怀抱彼此之间的那份温暖，除了学习如何不被烫伤，还要保持温度恒常，才不会让世界上最温暖的地方，转眼变得苍凉。

# 体温

一般指生物的身体温度，
但不包括爱人冷淡时，
那心里所了然感受到的冰点。

体温

# 爱没有极限。

世间真正的最爱，
将会存在于你距离真心最近也最远的地方。
拥有的时候，要多珍惜；
失去以后，舍得怀念。

那是一幢位于偏乡的民宿，苍茫暮光中唯一的灯火，如遥远的星光般，温柔地照映古朴的招牌，苍劲的毛笔字体，写着“楼外楼”。

刚入住的时候，从楼下柜台办理登记手续，只觉得它干净素雅。沿着实木定做的阶梯上楼，房舍之外，还有拓宽出去的露台。夜色如水在窗前流动，梦境似的宁静；却有多彩多姿的画面，投影在空中。

老板谦虚地说自己很平凡；认识的朋友其实早已透露他人生的不凡。

一杯暖暖的乌龙茶入口，他的嘴角勾起一抹温暖的笑意，彻底透解世事地说：“活到这个年纪，谁的人生没有一点难免的沧桑？”

从他的表情，看出他对于往事，已经完全释怀。那些来自妻子、伴侣、合伙人，留给他的伤心、背叛、负义，渐渐随着岁月远去。曾经有一段必须靠酒精催眠的时光，也在他重新遇见人生真爱的感召中蒸发。

如今陪伴他的，是一只老猫和一位心灵至交，以及来来往往的房客。

常有人好奇地问他：“为什么想要打造一间这样的房舍，

而且命名为‘楼外楼’？”而最常得到的答案是他笑而不语，顶多转头看着他的挚爱，淡淡地说：“没什么，随便取的。”

而真正的答案，只留给和他有缘的朋友。

“楼外楼”是他三十岁时创业阶段的餐饮服务代表作，经营几年后人去楼空。人外有人，山外有山，天外有天。这些道理，他早就都通透。红尘滚滚翻飞过，岁月茫茫穿梭尽，他选择在人生最僻静的地方，重新盖起那幢曾经在年轻时候摧毁他梦想的“楼外楼”，守着他的老猫和挚爱。

几年后，当我沿着往日足迹探访，发现这幢“楼外楼”竟已隐没消失在荒烟漫草之间。

打电话问候老板，他如禅师般给我上了一课。

他说，这世界上哪有“楼外楼”？生命，除了爱之外，没有其他。爱，没有极限。当你体验过“爱的零极限”这般无边无垠的境界，就会知道：世间真正的最爱，将会存在于你距离真心最近也最远的地方。

拥有的时候，要多珍惜；失去以后，舍得怀念。

# 最爱

总得是失去过，
我们才知道什么才是最高级、
比较级的差异，
更是继续爱着、
痛着的真实体会。

# 比相爱更高的等级。

相爱，并不容易。
要用对方喜欢的方式，才能真正爱到他的心坎里。
有时候你明明知道对方最想要的是什么，你却不一定给得起。

我曾经在出版的作品《拥抱幸福的自己》中提到："天下最幸福的事，莫过于你爱上一个人，而他正巧也爱你。"这句话后来不断在网络上流传多年，甚至还改编成不同的版本，持续诉说着天下最幸福的事。

如果地球人口以七十亿来计算，两人相遇相爱的概率，只有七十亿平方分之一，确实比中乐透还要小。

当年，对所谓"天下最幸福的事"，我的理解也仅止于此而已。

后来这几年，经过人生不同的阶段，看过很多幸福或不幸福的伴侣，自己也体验不同的相处方式，才发现"天下最幸福的事"，还有比相爱更高的等级。

两个人来自茫茫人海中，能够相遇、相知、相爱、相惜，确实非常不容易。然而，还有比这个更不容易的事情，就是相爱的两个人，不只是拥有爱对方的意愿与能力，还能够用对方想要的方式去付出，而且付出的程度与深度都十分对等，至少任何一方都不觉得有什么委屈，甚至同时感到相当程度的满意。

相爱，并不容易。要用对方喜欢的方式，才能真正爱到他的心坎里。

有时候你明明知道对方最想要的是什么，你却不一定给得起。

如果对方最需要的是安全感，你愿意割舍自由去换取吗？

如果对方最需要的是呵护，你愿意在他生气的时候，放下自己的身段，捐弃“谁对谁错”的立场，温柔地在他耳边说“宝贝，对不起”吗？

有位女性朋友，个性体贴、乐于付出，她完全不求任何有形或无形的回报，而她的男友总是很懂得她，只要他用黏黏的喉音，以缩简昵称的方式叫唤：“贝——”她就无怨无悔地把一切都给了他。

而他并不是贪得无厌的人，得到好处的同时，也对感情负担更多的责任与承诺。

有关爱的付出，也怕过犹不及。施与受之间，并非金钱物质可以衡量。你送我一件衣服，我送你一个包。送礼的心意，远超过物品的价值。无关乎谁高谁低、谁多谁少，而是我在乎你，你也在乎我。

如果你暂时手头不方便，也不要打肿脸充胖子，刻意要回礼给他。比相爱更高的等级是：对方会理解你的难处，心疼你的拮据。

他会懂得照顾你的尊严，说："千万不要送礼物给我，因为我很挑剔。与其届时要退货，不如我珍惜你的心意就好。"

## 付出——

着着实实地交付对方想要的一切，才是最无私的给予。

# 舍得 不计较。

当你愿意放弃说理，
不再用尽心思去证明自己是对的、他是错的，
对立的观点就会在瞬间随之消失，
两个人的情感才能向更深处走去。

在爱情面前，你够慷慨吗？你觉得自己可以付出到什么地步？而对方最希望从你身上得到些什么呢？

自认为用情很深的女性朋友说，她付出所有的爱给对方，而且从来不求回报，即使心中偶尔会觉得有点委屈，也不会让他知道……这，算是在爱情的互动中，最慷慨的极致了吧！

还有很多类似这种痴情的人，平常省吃俭用，节省各项开支，唯独对所爱的人绝不手软，能买的、能送的、能给的，即使散尽千金、倾家荡产，举债度日，都不会吝于付出。

可是我们往往都忘了——对方需要的，并不是你的付出而已。无论有形的礼物、无形的感情，能付出、能给予的，再怎么说都是有限的，也未必是对方要的。

我们真正舍得给对方最宝贵的付出，往往不是礼物或情感，而是舍得不计较。

就先从“舍得不计较，谁付出比较多”这件事情开始吧！

当你心心念念着“我只求付出，不求回报”的时候，你已经在斤斤计较了。放下这个念头，把付出当作是收获，感谢对方愿意接受你的付出，才能放下心里的那根千斤万两的秤，没有挂碍地相爱一场。

再高一点的境界，是“舍得不计较，谁对的次数比较多、谁错的概率比较少”。

当你愿意放弃说理，不再用尽心思去证明自己是对的、他是错的，对立的观点就会在瞬间随之消失，两个人的情感才能向更深处走去。

往更进阶的一层，是“舍得不计较，他的缺点”。

你只愿珍惜他的优点，完全不在意他的缺点，也不把他表现未如你期望的言行，看得太过于严重。

这样的舍得，是更高层次的慷慨。其实你没有付出什么，也没有失去什么，却因此得到更多无价的幸福。

# 舍得

能舍去不属于彼此的缥缈，
得到的必是双方留得住的幸福。

# 什么时候爱上我？

你是什么时候爱上我？
答案从某个阶段、某一天，到某一刻，
时间刻度愈是细微，浪漫的滋味像针灸，
愈能准确击中令你感动的穴位。

你是什么时候爱上我？

爱上一个人，往往没有理由。但是，对于开始心动而产生化学变化的那一刻，我们会是记忆犹新的。

只不过女人拿来抱怨说：“看看你当时多热情！”男人通常噤口，不敢说出的真话是：“其实你也改变了很多啊！”

如果两个人还甜蜜地在一起，时光的线索，总会串起幸福的每一刻。倘若感情淡薄、甚或爱恋已逝，爱上对方的那一刻，只用来证明自己曾经真正心动过，遗憾后来竟会变成这样的结果。

你是什么时候爱上我？

答案精致准确的程度，决定了对方感动的深度。

或许你觉得不在乎，却往往是一段爱情能否经营到幸福长久的关键。

大而化之的人，本来就粗心大意，被逼问的时候，只能傻笑说：“呵呵，忘了耶，我哪里能记得？”回头他自己也深思许久。

或许，他并未说谎，也不是没诚意。有时候，爱情初始的好感太细微，连自己都没有发现，而是日积月累，时久生情。

试着听听看以下这些答案：

“就是高中的时候啊！”

“陪你去喝喜酒的那天啊！”

“看见你为了流浪狗哭泣的神情啊！”

你是什么时候爱上我？答案从某个阶段、某一天，到某一刻，时间刻度愈是细微，浪漫的滋味像针灸，愈能准确击中令你感动的穴位。

在精细的时间刻度里爱上对方，事后回想的甜蜜，正显示你对爱情观察入微；若是佐以画面的呈现，唤起两人共同的记忆，感动就像美酒，愈久愈香醇。

你是什么时候爱上我？

“第一次见面，搭手扶梯时，你回头看我的那一瞬间。”

“跟你喝咖啡时，突然望进去我的双眸，看见那一抹深邃。”

“你留意到我抱着生病的小猫就医，焦急地流下的眼泪。”

原来，在你爱上我的那一刻，我曾经如此动人，连我自己都未曾发觉。

即便是情人眼里出西施也好，或是你因为内分泌催化产生错觉也好，对于那一瞬间的光芒万丈，多年以后的我，总是心存感谢。

多么希望，美好的爱情，让瞬间变成的永恒，不只存在你心底，而是保留在现实中，让我因为你的爱，能量俱足，亮丽光彩。

# 爱上

当初爱情来了的甜蜜，
在时间的流转之后，
仍可留存于回忆的永恒瞬间。

爱上

# 爱他
# 冰山的一角。

与其用“了解”去经营感情，
不如以“接受”去维系关系。
无论对方变成什么样子，
你都欣然接受。
若要让感情恒久，
“接受”比“了解”重要。

年轻女孩开始谈恋爱，她的父母很生气。妈妈充满怒意地质问她："你对他够了解吗？连他爸爸做什么职业都搞不清楚，你这样就要谈恋爱！"这个不服气的女孩，倔强地瞪着妈妈，幽幽地顶嘴说："那你了解爸爸吗？"

我猜想她的确有点冲动，爱得不够理智。

但谈恋爱，不是买计算机，变爱时若喜欢对方，只要有好感就可以成交，不一定要追溯对方的祖宗八代、兴趣嗜好……更何况爱情的细节比计算机的规格，还要复杂很多，很难在交往之前，了解透彻。

从前，我以为谈感情就是要彼此了解。如果对方很愿意分享过去的人生，我会心存感谢，原来是那些我来不及参与的岁月，形塑了眼前的这个人。倘若，对方说得很少，甚至避重就轻，我会有点遗憾，然后暗自观察，希望能有多点了解。

后来，我发现那样的相爱方式，彼此都会很累。

一个人，是永远了解不完的。就算你了解他的过去，那又怎样？按照过去的轨迹，未必可以推测出必然如此的未来。人，都是会改变的。你对他的了解是进行式，他的改变也是进行式，你好奇不完，也了解不完。与其用"了解"去经营感情，不如以"接受"去维系关系。无论对方变成什么样子，你都欣然接受。若要让感情恒久，“接受”比“了解”重要。当你无法“接受”，于是“接受”变成“忍受”，有一天再忍受不下去了，爱情就结束。

我慢慢学会，宁愿爱对方，犹如冰山的一角。

如果他愿意，时间到了，就会浮现更多真相让我看见。假使没有那个机会，就让我爱这座冰山的一角，爱我所看见的部分就好。

也许在海面之下，还有很大一部分，是我所不知道的，正因为还有那一大部分的未知，反而让我懂得戒慎恐惧，也存着期待与好奇。

当爱情出现在偶像剧里的时候，通常是“因为误解而结合。因为了解而分手”！所幸现实的人生，没有那么多的戏剧张力，大部分的人在谈恋爱之初，都是希望彼此有多点了解。

至于要了解到什么程度，才算爱得够投入呢？这个问题是没有答案的。如果你理智到非要了解到某个程度，才能更全心投入爱对方，那也不叫爱了。爱就爱吧。如果幸运的话，你们有半生的时间，可以慢慢了解彼此。

# 了解

未相爱之时，
我们总想要多了解一些；
在爱了之后，
由于太了解却也可能成为爱结束的终点。

# 你们后来怎么了？

那段恋爱太深刻、那段想念太绵长、
那段遗憾太茫然，
你终于成为一个感情的失忆者。
回答："我忘记了。"
并非你刻意欺骗对方，
而是你真的这样想。

当你以为自己几乎已经完全忘记他的时候，偶然在街头咖啡馆遇见昔日知道你们曾在一起过的好友。在和这位旧识简单地问候交谈中，你才恍然大悟，原来他还在你心中的某一个角落，而且屹立不摇。

尽管好友只是顺口问起："你们后来怎么了？"一个小小关怀的问号，启动了心灵深处记忆的开关，往事一幕幕排山倒海而来。

自始至终，你根本没能忘记他。而你们的故事，依然是朋友口中的偶像剧。

那年，各自有交往对象的你们，为了这段如电光石火的相遇，双方都挣扎了半年，决定告别已经论及婚嫁的感情，了断个干干净净，让彼此可以重新开始人生的幸福与甜蜜。你们被双方的亲友骂翻，只有少数的知己看好，你们如革命烈士般惺惺相惜，甚至因此远走他乡，与世隔绝，终于让爱可以独立。

可是他最后还是忍受不住孤寂，当感情消磨在异地无聊乏味的生活里，他选择重返红尘，留下你与遗憾同住在一起。

轰轰烈烈的恋情，注定虎头蛇尾地结束。这是分手多年以后的你，才渐渐明白的事实。甚至，后来你不知道他的去向，是否有了另一个归宿，只因为你比他更漂泊、也更安定——漂泊的是，你始终一个人；安定的是，你没想再找另一个人。

于是，“你们后来怎么了？”成为一言难尽的话题。那段恋爱太深刻、那段想念太绵长、那段遗憾太茫然，你终于成为一个感情的失忆者。回答：“我忘记了。”并非你刻意欺骗对方，而是你真的这样想。

谁说，感情的开始与结束，我们都一定要清楚地记忆所有的细节？

谁说，爱恋的欢愉和痛苦，我们都会明确地想起所有的一切？

分手多年以后，忘记两人后来怎么了，是一种不必对任何人交代清楚的幸福。只需记得，当年的我曾经那么勇敢地、深深地爱过。

# 后来

用来切换某时间点的前后空间，
之前是想告别的过去，
之后是不设限的未来。

# 结婚前说
# 对不起。

选在他结婚前夕，
跟他说抱歉。
这个仪式，
其实是给那段感情画上一个完整的句点，
确定一切都结束了，
可以好好地道别，
终于和自己的过去和解。

参加电视男女联谊节目录像，我倾听一个参加交友活动的女孩感慨万千地说起往事，曾经有个深爱她的男人，对她好到连自己的父母都认定他们会是可以守护终生的伴侣，只怪当时太年轻，她没有好好珍惜这份感情，让原本有计划谈论婚嫁的他，最后打了退堂鼓，转身离开。

分手之后，两人在各自的感情世界里沉寂，中间偶有联络，不乏复合的机会，但她总是觉得不急。一再错过破镜重圆的良机，等到再有对方消息的时候，已经是他决定和另一个女孩结婚的前夕。

她打电话跟他说“对不起”，事到如今才有机会对他说出内心的抱歉。

辜负一个男人的真心诚意，让她后悔莫及。

她的父母都曾对她告诫：“你这一生再难有机会碰到一个像他这么爱你的男人了。”或许在他决定和别人结婚之前，这句话只是威胁；但眼看他就要步上红毯，这句话成为不可动摇的遗憾。

选在他结婚前打电话说“对不起”，当然是抱歉，也是祝福。

千万别误会，她并非想要借此挽回。而他也没有把文青的舞台剧对白，演成俗气的偶像剧，既没有把她表达歉意的电话，当成结束单身派对的邀请函，也没有怨怼或责备，只是笑纳她的祝福，也希望她将来会过得幸福。

前男友结婚了，新娘不是我。这样的结局，并没什么好意外的。选在他结婚前夕，跟他说抱歉。这个仪式，其实是给那段感情画上一个完整的句点，确定一切都结束了，可以好好地道别，与自己的过去和解。

跟着她回顾感情的路上，有多少人欠你一句道歉，或是你欠多少人一句道歉，也许理智上我们都会告诉自己："这不重要，我早已经没有把这件事放在心上了。"直到我们有一天不断回过头自省，才发现有许多未完的心事，终将成为自己可以再对另一个人付出爱的障碍。

向深深爱过我的人说"对不起"，抱歉年轻时的我未能好好珍惜你的爱；但愿，这个对你来说已经不重要的仪式，可以让我从此可以变成一个更懂得如何真正付出的人。

# 感情中的
# 对不起

再也无法说出
“我爱你”之后，
留给对方的心痛句点，
或释怀的和解。

# 暗恋像是搞革命。

暗恋就是搞革命，
告白如同正式起义，
结果确实就是
“不成功，便成仁”！
虽然很有可能是朋友都做不成了，
那又怎样呢？至少你让对方知道你喜欢过他呀！

截至目前为止，我的暗恋从来没有修成正果。换句话说，选择适当时机告白，都被拒绝。无论暗恋了多长、酝酿了多久，正式开口表白的那一刻，就注定功亏一篑，被判出局。

好惨！朋友都这么说；唯有自己不这么认为。我是真心感谢对方没有继续浪费我的时间、我的青春。不是我爱面子，才如此逞强地正向解读自己的暗恋的经验，而是真心地接受告白失败的结果。因为我知道所有的感情，都是两个人的完成，光是自己单方面的投入，绝对不会修成正果。如果对方迟迟不做决定或虚应故事地应付，将来的损失绝对比被拒绝的当下更多。

把一个人放在心中，就是永远。这句话或许没错。但是，对方若从来不知道你喜欢他，这段美丽的浪漫，就将会累积成永远的遗憾。很多人迟迟不肯告白的原因，是没有勇气接受事实，他们担心的是：万一对方拒绝，岂不是连朋友都做不成了？是啊，虽然很有可能是朋友都做不成了，那又怎样呢？至少你让对方知道你喜欢过他呀！这很可耻吗？应该是歧视或嘲笑这份真心的人，比较可耻吧！

即使已经有了丰富的人生经历，我依然觉得暗恋就是搞革命，告白如同正式起义，结果确实就是“不成功，便成仁”！

以上观点，确实是我的偏执，一点都不客观，愿意参考的读者，不妨耐心读完我的心情。

当我内心所喜欢的对象，明确表达不喜欢我，或不是我期待的那种喜欢，好啊，我就祝福对方，也祝福自己。如果对方回答：“我们还是做朋友吧！”我会婉谢这份仁慈。

为什么一定要做成朋友呢？有那么缺朋友吗？我不希望跟我曾经苦苦暗恋过的人继续做朋友，我只愿把对方深深藏在心底的某个角落，用一辈子的时间去珍惜与想念。

若把暗恋过的人，在告白被拒绝后，变成朋友，这份感情未免太过于廉价而平凡，毕竟朋友和恋人的感觉大不同，你一定喜欢他的程度不够强烈，才有可能把对方变成朋友。

如果你深深暗恋一个人，却不告诉他，只是为了避免失败，强忍着你的感觉，假装跟他做朋友，甚至是一辈子的朋友，你只能欺骗自己说你把心中暗恋的爱意升华了。这是自欺欺人啊。

爱不到一个人，把这份心意升华成为友谊？这个说法，我一直很疑惑。爱情和友谊，难道有分高下吗？否则，如何升华？

对于那些接到告白后明确拒绝的暗恋对象，我不会把他当朋友，也不会是敌人，他有个很明确的定位，就是我曾经很喜欢过的人，虽然无缘携手一段或共度此生，但我会永远记得，也会深深祝福。

# 告白

即使无法带着两人走向幸福，
至少有一方是可以坦然地快乐，
回想曾经终不悔。

# 不敢回复的电话。

手机响了半天，
你错过之后百感交集。
对方没有勇气再打来，
而你也不敢回复的电话，
通常欠的不是金钱的债务，
而是感情的债务。

有没有过这样的经验？手机响了老半天，你正在忙乱中，一时之间没有接到电话，接着看见屏幕上显示来电者的名字，顿时松了一口气，感觉没接到这通电话也好，知道他有打过来找你，这就够了！而你没有勇气回他电话。

应该是债主吧？个性调皮的阿永如此猜测。他显然是说笑，而且全无被追债的经验；因为真正的债主，绝对不会这么容易善罢干休，就算你没接到电话，也会锲而不舍地打夺命追魂扣来追讨，没拿到钱是不会放过你的。

金钱的债务，确实如此；感情的债务，另当别论。

手机响了半天，你错过之后百感交集。对方没有勇气再打来，而你也不敢回复的电话，通常欠的不是金钱的债务，而是感情的债务。

例如，分手多年后，他突然想起你，一时冲动想知道你过得好不好，所以打一通久别重逢的电话来，而你没有接到，他怅然地以为彼此就真的是缘分已尽，未便再打扰。

当你看见那通戛然而止的电话，心也被揪了一下——原来是他！

你曾经想回拨过去，只要按一个键就可以，如此轻易的动作，情感上却太艰难。这几年好不容易平静的心情，何必再起涟漪？你终于决定让过去的都过去，感谢这通没接到的电话里，埋藏着种种的好意。

不敢回复电话的谨慎里，往往隐藏着最大的勇气。

未曾了解这样心情的人，或许会妄加评论说："真没用啊！就不过是一通电话嘛，打过去聊个几句，有什么关系？"明白的人才会知道，不敢回复的电话，其实代表的是更大的勇敢与决心，让自己可以对过去的感情彻底地断舍离。

人的一生中，有多少次的电话铃声响起时，可以让自己如此惊心动魄呢？

逃避还不起的金钱债务时，比较容易充耳不闻。

面对波涛汹涌的感情债务时，每次电话铃响都是一场海啸，席卷着过往的回忆，只有超级理性的人可以幸存。

# 爱与重拨键

爱情没有重拨键。
感情结束之后，
那个号码再怎么熟悉，
重拨也无法重来了。

有一天，
当我真的清楚明白自己不要
你的爱时，
我会选择默默离开，
心中纵使有千愁万恨，
也不会说出来。

# Part 2

# 打包后，把自己还给自己

# 我不要你的爱。

会说出“我不要你的爱！”
这句话的人，
多半是违心之论。
如果真的不要对方的爱，
只需安静地离开。
从来没有必要把这句话挂在嘴上。

你说过这句话吗？“我不要你的爱！”

回想一下当时的心情吧。你是真的不想要这份感情，还是在万念俱灰之下，最无力感却最强大的抗争？

而你真正想要讲的意思，其实是：“为什么你不肯对我好一点呢？”

我一直觉得，会说出“我不要你的爱！”这句话的人，多半是违心之论。如果真的不要对方的爱，只需安静地离开，从来没有必要把这句话挂在嘴上。

再说得明白一点吧！如果你说出“我不要你的爱！”，多半是因为你对他感到失望。或是，你想替自己扳回一城，让对方警觉地知道，你是宁缺勿滥的。

就像那些在青少年时的怒吼：“我不要你管！”或是那些在初恋时的哀怨：“我不要理你！”灰飞烟灭之后，我们才明白，心中真正想讲的是：“你可不可以多爱我一些！”

在好好思考这句话之前，我们很少认真去想“不要！”这个词儿里，“不！”和“要！”的比例，因为里面有好多的矛盾、好多的挣扎，甚至是有很多条件，例如：“只要你再怎样一点，我就……”可是，说归说，还是很没志气地把自己留了下来，没有真正离开。

追着成长的记忆，往前多看一些。

从很小的年纪开始，仿佛是本能似的，我们早已经学会在伤心时负气地丢掉心爱的玩具，有时候是刻意用力摔到地上，有时候是在盛怒中不小心遗失。其实心里是要的、不舍的、恨不能好好珍藏更久一点的，但还是让它走了。

那些痛心的滋味，依然历久弥新地召唤着后悔，不明白自己当初为何那么傻。

一直要到累积很多失去的经验，才慢慢学会分辨："心中真正要的是什么？""不要的又是什么？"

只不过，这时候，真正还能拥有、还想保留的已经不多了。

有一天，当我真的清楚明白自己不要你的爱时，我会选择默默离开，心中纵使有千愁万恨，也不会说出来。

# 我不要你的爱——

无论再怎么倔强，
我只是希望你可以对我好一点。

# 爱一个人真的好累？

“爱人好累，
这次要换一个他爱我，
超过我爱他的。”
通常只是一句丧志的气话，
你心底还是期望可以碰到一个人，
懂得珍惜你的付出。

身边失恋的朋友，当他的疗愈期接近尾声，开始愿意接受朋友关心，甚至主动要求介绍新的对象时，都会被问道："喜欢怎样的人？"

接下来的答案就林林总总，什么都有了。不过，就类型来说，还是可以大致归类如下：1. 跟之前分手情人的条件差不多，反正就是爱这一型的；2. 绝对不要跟前任一样德行，一朝被蛇咬，三年怕草绳；3. 感叹地说："爱人好累，这次要换一个他爱我，超过我爱他的。"

当我听见第三种说法，就会抬头看看对方，印证我的猜测有没有错。我猜想的是——这个人，势必有点年纪了；若是年轻，心也已饱经风霜。习惯在爱中付出的人，非到遍体鳞伤的那一刻，才会讲出这样的话："爱人好累，这次要换一个他爱我，超过我爱他的。"

表面上你说自己累了，其实是你心灰意懒，失去勇气。你不是给不起，也不是要对方还，而是不知道要怎么给。无疑地，这样的心声、这样的呐喊，是最无力感，也是最强壮的。

不知道如此悲伤沉痛的宣言，听到对方耳里，如今会是什么感受，是嫌恶还是愧疚？

换个相对的角度来看，你曾认真珍惜过一个对你好的人吗？还是你总是把他的好，当作理所当然？当他收回这份好，你会恨他吗？

这时候，你终于知道，“被爱，才是幸福！”这句话有多么吊诡了！原来，被爱只是一时的享受，幸福是操纵在对方的手里，他随时可以收回。

偏偏，习惯付出的人，总是无法停止付出，也无法把他的热情热血收回；因为，如果可以轻易就停止付出，如果热情热血可以任意收回，他就不是他了。

“爱人好累，这次要换一个他爱我，超过我爱他的。”通常只是一句丧志的气话，你心底还是期望可以碰到一个懂得珍惜你的付出的人，最理想的状况，你所爱的人，是可以让你心甘情愿地继续对他付出，但你永远不觉得累。

而你的要求也很低，你所爱的对象并不一定真的要表达感恩、具体回馈，但至少要让你可以继续付出，温柔善意地接纳你的付出，而不是嫌恶鄙视、背叛劈腿、狼心狗肺。

# 被爱最幸福

其实我已经很累了，
关于爱，我不知道该怎么给了，
不如就等你来爱我吧。

# 分手
# 未必有真相。

分手，未必有真相；
放手，让彼此自由。
尽管，当下你仍觉得残酷；
但是多年以后，你才会知道：
没有真相的分手，比较唯美，
比较不伤人，比较没有针锋相对。

分手原因，林林总总。听多看多之后，我发现“劈腿”是最残酷、也最真实的一种。尤其是抓奸在床，事实摆在眼前，求个恩断情绝，干净利落。即便这个体验，对自己很残忍，但当我非常确定你已经不爱我，而我也接受这个事实的时候，我也比较容易在转身的那一刻，毫不眷恋地走。

相对地，很多痴情的人，永远等不到答案。

分手的原因，究竟是什么？成了永远的谜。

刚离开的那段期间，感觉痛不欲生，过度的悲伤，形成一种假象，以为是因为不知道自己到底做错什么，才会这么难过。甚至追讨提出分手的对方，执着地要求一个答案，而对方竟连简简单单“个性不合”都说不出口。

结果，对方还是走了，只剩下不甘心的自己，留在原地纠扯。

分手，未必有真相；放手，让彼此自由。

尽管，当下你仍觉得残酷；但是多年以后，你才会知道：没有真相的分手，比较唯美，比较不伤人，比较没有针锋相对。

有些分手的真相，确实是对方给不起的。

例如：他嫌你妈太啰唆、他无法忍受你有口臭、他觉得你是扶不起来的阿斗、他对你们之间的亲密关系完全提不起兴趣……把这些真相都说出来以后，或许当下的你会死了这条心；但不久的将来，你可能不会恨他，而是埋怨自己。

因为这些残酷的真相而分手，你必定是愿意放手了。但你愤恨不平的心，将让自己往后的人生更不平静。你将彻底被这次分手打击，而且失去再去爱别人的勇气。因为他说的都是事实，而你没有信心可以改变自己。

所以说，很多分手的真相，都是无法说清楚的。

失恋的人不必因此而自责，但一定要提醒自己展现风度。至于，自己是不是有什么缺点需要改进呢？适度反躬自省即可，能改进的当然要尽力去做，可以在失去一段感情后，得到一个更好的自己。

如果真的想破头，觉得自己没做错什么，就当作他没眼光、没福气吧！让下一个情人来证明，自己绝对值得被爱的事实。

# 借口

不爱了的表象借口有很多，
但那不爱的姿态，
都是一样的。

借口

# 上了爱情这个瘾。

所谓“上瘾”这件事情，
以我的观察是很有趣的。
当事人多半自得其乐，
完全不觉得有什么不对；
而是他身边的人，
从为他心疼到替他心痛，
最后在无计可施中心碎。

爱情，如酒。不同的是：酒喝多了，会上瘾；爱谈多了，未必成瘾。染上酒瘾，容易伤身；爱情成瘾，容易伤心。

人生在世，对任何事情，若能及早学会浅尝即止，都是幸运的事情。最怕是自己以为只是渐入佳境，实情却是早已经深陷其中，不可自拔，积习成瘾。

而所谓“上瘾”这件事情，以我的观察是很有趣的。当事人多半自得其乐，完全不觉得有什么不对；而是他身边的人，从为他心疼到替他心痛，最后在无计可施中心碎。

传统的印象中，如果要找恋爱对象或已经论及婚嫁，举凡这个人有烟瘾、酒瘾、赌瘾，多少都会被打个问号，即使自己可以为爱承担起对方的瘾，亲友多半唱衰，更遑论是染上毒瘾。

问题是，你仔细看看，有烟瘾、酒瘾、赌瘾，甚至毒瘾的人，并不缺伴侣。只要你上网搜寻社会新闻，即使是毒贩，还是会有枕边人。可见上了爱情的瘾，严重性远高于烟瘾、酒瘾、赌瘾以及毒瘾。

而现代环境中，可以令人上瘾的诱惑，绝不只是烟瘾、酒瘾、赌瘾或是毒瘾。玩在线游戏、打手机讲电话、仰赖通信软件、看电视购物……都会很容易上瘾。

简单的结论是：这些人都太寂寞了。

研究心理学的朋友，总是抱持理论的说法：一个人会染上某个瘾头，必定是内心有个空虚寂寞的黑洞，才会需要靠香烟、酒精、赌博、毒品，麻醉自己。他们在慢性自杀，而且视死如归。

当你真心去了解一个人上瘾的原因，往往会发现他的情况，远比理论中所解析的原因还要复杂很多。

上瘾的人并不觉得自己在慢性自杀、视死如归；反而是要靠着他的瘾头，短暂地逃避现实，才能活得下去。虽然结果总是玉石俱焚，但他绝对不这么认为。

两个人之间的情爱，也是需要适可而止的自律。若是一味地要求被爱或无止境地付出，同样会让这段感情面临慢性自杀的局面，你以为有人陪着你高潮迭起，总比一个人麻木不仁来得好，其实你和他都不快乐。

你可以喝一杯爱情酿的酒，在微醺中享受陶醉，但一定趁着头晕目眩之前停止干杯，否则隔天起来很容易在宿醉中反胃。

无论年纪多大多小，在恋爱进度中，最难控制的，就是分寸。心醉与心碎的差别，在于能否全身而退。

# 我没有爱不行——

说自己没爱就不能活的人，
其实，都是怕　和寂寞做伴。
没有和另一个人在一起时，
就不知道该如何自处。

# 不肯分手的惩罚。

当情人劈腿，还要以爱为理由，
不肯分手，根本不是惩罚，
而是把报复化妆成爱的样子，
不但蒙混了自己，也欺骗了别人。

当爱走到尽头，还是迟迟不肯分手。这是在处罚对方还是处罚自己呢？

自称“后知后觉”的她，直到对方良心发现，自动招供，才知道他已经有新欢，却还是坚持不肯放手。明明不是她的错，但为了挽回感情，她放弃自尊，而且用几近求饶的语气，拜托他不要走。等同于宣告：我可以接受你劈腿，只要你不离开我。

其实，他之所以自动承认劈腿，是被第三者逼得必须明确切割，虽然他自认为可以应付得来，左右逢源的感觉也不错。但是，第三者不是省油的灯，眼看时机成熟，使出撒手锏，逼他表态，必须做出二选一的决定。显然，这是第三者的胜利；因为，他选择跟她提分手。

只是他万万没想到，她会不肯放手。连他都以为，她是真的爱他爱到这种地步，完全没有意料到，当女人不甘心的时候，是会玉石俱焚的。

她的想法有两个阶段：第一是，就算我得不到，也绝对不要让你和第三者高枕无忧；第二是，只要你不离开，我就还有一丝希望、一点机会，把你抢回来。

这几乎是所有意志坚强的女生，当发现男人劈腿时，却不肯分手的典型反应。很明显地，看坏这段感情的朋友，不必去问她是在惩罚对方还是惩罚自己，因为理智的旁观者，看得很清楚，真正的答案是：两者皆有——她在惩罚自己，也在惩罚对方。只是执迷不悟的她，没有发现这是惩罚而已。她，一直以为这是爱。

但是，看在我眼底，与其说是惩罚，不如说是报复。当情人劈腿，还要以爱为理由，不肯分手，根本不是惩罚，而是把“报复”化妆成“爱”的样子，不但蒙混了自己，也欺骗了别人。

甚至，这连惩罚都谈不上，因为真正惩罚的用意，是希望对方记取教训，改过向善。而报复，很简单的动机，只是要对方不好过而已。

所以，当对方背叛，无意回头，你还坚持不肯分手，这很明显是报复对方，惩罚自己。

如果对方根本不认为他有什么错，同时也做出新的选择，不想继续留在这段感情里，所有单方面想要挽回的努力，都只是白费心机的虚拟障碍。总有一天，他还是会离开。因为，爱已经先走一步了。

当爱已经走到尽头，依旧迟迟不肯分手，这根本惩罚不了对方，也改变不了事实。

这只是一种愚昧的执着。

## 我不要分手——

不是绑着不爱的对方，
就是阻碍了更多可能的自己，
或以上皆是。

# 分手多久才能再爱。

分手至少要半年到十个月后，
才能再谈新的感情。
无论是刚失恋的人，
或是被他看上的对象，
普遍都认为这段感情换季的“安全期”，
有其必要性。

如果一个朋友因为和老板理念不同、或与同事情绪相争而很率性地辞掉工作，想要好好休息一阵子，通常我们都会劝告他："不要休息太久哦，若有适当机会重回职场，就要尽快开始工作，不然赋闲太久可能会变懒惰，意志消沉。甚至，会影响下一个老板对你的观感。"

但是，倘若他是和情人吵架而决定分手，我们就比较不会鼓励他，在一个星期或一个月后，立刻开始另一段感情。

为什么呢？

嗯，他需要止痛疗伤啊！如果他上个星期分手，下个星期就开始新的恋情，未免太没人性，若是被前任情人知悉，可能误会他早就开始脚踏两条船，劈腿已久，要不然怎可能接得如此刚刚好。

另一种主张可能是：他需要一点时间忘掉旧情吧！太快投入新的感情，会被认为是因为失恋后不甘寂寞，急着找替代品，对新的情人不尽公平。

如果上述两项说法成立的话，要分手多久以后才能再爱，重新开始另一段感情呢？

我曾针对这个问题，请教上百位朋友的意见，统计结果发现：分手至少要半年到十个月后，才能再谈新的感情。

无论是刚失恋的人，或是被他看上的对象，普遍都认为这段感情换季的“安全期”，有其必要性。

换句话说，失恋五个月内，最好如守丧般待在家里，不要在感情的世界里轻举妄动，否则动机很容易被质疑：你是因为寂寞难耐，在找替代品吧！

这些讨论显示出我们对所谓“感情疗伤期”的认知，有着完全不可理喻的盲目。“感情疗伤期”若是太短，会被认为对于上一段旧情投入得不够深刻，是个用情不专的人；反之，“感情疗伤期”要是太长，又会被说处理分手的技术很烂，对不值得的对象念念不忘。

然而，告别上一段感情之后，对于重新相爱一场，你有多少渴望？

关键不在于相隔的时间多长、你是否已经能够彻底将旧情遗忘，而是你准备好了没有？

当你能够用感谢的心情面对过往，提起勇气再出发，才能让过去和未来都不会徒留遗憾。

# 我还没准备好

并非走不到未来，
而是我停留在过去。

# 最悲哀的家人。

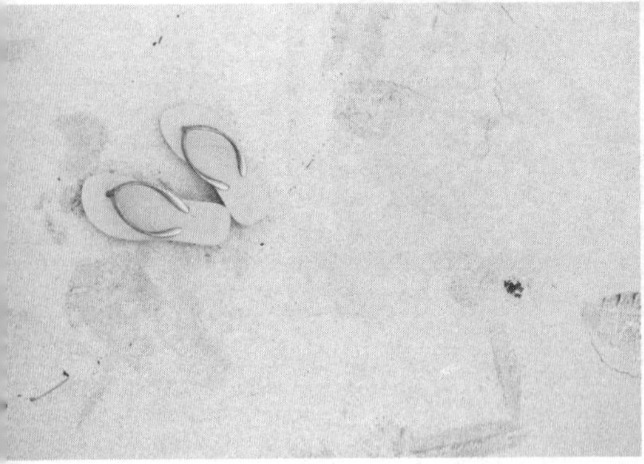

分手后宁愿老死不相往来，
也不要沦为家人。
老死不相往来，
过去所有的美好，
依然会在心中留存着最浪漫的印记。

曾经相爱的两个人，好好协议分手之后，最好的状态便是形同陌路，老死不相往来。

次等的状态是成为朋友，保持君子之交淡如水的形式，偶然相逢时打个招呼，礼貌性地问候。

最悲哀的状态是成为家人，没有任何爱慕与激情，只有习惯性的关怀。

有个女孩因为发现男友劈腿而伤心欲绝，分手后的几年来都保持单身。已经变成前男友的他，内心有些愧疚，虽然换过几个恋爱对象，感情始终无法处于稳定状态，明明是自顾不暇了，但还是不断对她释出关心。

天冷了，发个简讯提醒她："要多穿衣服。"

过节了，小礼物送到办公室。

他的母亲是知名的西点烘焙家，闲暇时间做了好吃的蛋糕或甜点，也会叮咛他送一份来给她品尝。

她在脸书发文，说这是感情过了保存期限后，依然可以享受的幸福滋味；却被好友吐槽说："明明是酸腐的东西，你竟还吃得津津有味。你在他心中，已经变家人了。"

这个提点，令她震惊。

如何面对已经消逝的感情？果然如人饮水。

相爱过的两个人，在爱离开以后，能够变成家人，不是很好吗？

直到她想通了好友的话，才开始觉得自己真的很悲哀。

前男友对她付出的关心，里面有很多复杂的成分，包括愧疚、道义、忏悔。而当爱得浓烈的时候，谁都不会希望爱情中有这些配方。固然，它们丰富了感情的内涵，但也让爱变得不够纯粹。

关于爱，每个人要的东西都不一样；当爱离开以后的状态，每个人排出的先后顺序也截然不同。

或许，有些人的想法是倒过来的，认为能够成为家人是最好的状态，朋友次之，最糟的是形同陌路。

但我仍好强地坚持自己的路线，分手后宁愿老死不相往来，也不要沦为家人。因为老死不相往来，过去所有的美好，依然会在心中留存着最浪漫的印记；倘若成为家人，每天看得到却爱不着，实在太为难彼此了。

分手后的他，最适合的标签，就是前任情人，不是朋友，也不是家人。

# 我们还可以当朋友——

起了化学变化的旧爱，
走不回原来的样子，
就最好可以不要再来往了……

朋友

# 连下床都没元气。

标榜自己懒到不会劈腿的男人，
对于曾经因为遭受背叛而
受过严重感情伤害的女孩来说，
果然具备一种难能可贵的独特魅力。

两年前她和前男友分手，说起来原因有很多，但也可以说只有一个：他惯性劈腿，答应悔过之后，却又不断搞暧昧。

透过朋友介绍，认识现在的他，两个人约会几次，她对他没有很强烈的感觉。介绍人心急地频问进度，她虽然觉得对方客观条件还不错，但就是没有急着想和对方进入恋爱，只能归因于自己可能还处于疗伤期，没有真正走出来。

介绍人为了说服她，搬出“真正的感情就是如此啊，细水长流比较重要啦，再多激情，还不就是镜花水月”？这样的大道理，却也十分有效地击中她的要害。

之前的惊心动魄，成为感情的负面教材。她答应和他继续约会以培养感情，希望双方可以正式成为男女朋友。

而具有临门一脚效果的是，在一次约会后，他送她回家。她要下车时，他说：“我不是没有谈过激情的恋爱，而是很想要安定下来。那种猜来猜去、等来等去的爱情游戏，我已经玩不起、也不想玩了。我绝对不会劈腿、乱搞。”

其实他才刚满三十岁，并不是那种错过适婚年龄就会直接变大叔的男人。而她二十八岁，若考虑优生学，给自己谈两年恋爱了解对方的时间，很快会到结婚生子的年纪。

标榜自己懒到不会劈腿的男人，对于曾经因为遭受背叛而受过严重感情伤害的女孩来说，果然具备一种难能可贵的独特魅力。

于是他们果真跳过“猜来猜去、等来等去”的阶段，成为老夫老妻般的伴侣。星期一到星期五，各忙各的；星期六约会，吃饭、看电影；星期日补眠。

这样的恋爱生活，过得还算平稳，确实不用“猜来猜去、等来等去”。但是，让她比较意外的是，年纪轻轻的他，居然“上床没活力，下床没元气”，整个生活步调像个老人似的，简直就是奄奄一息。

快要过二十九岁生日的前一个星期，她决定逃离这段感情。

原来，标榜自己懒到不会劈腿的男人，竟是如此无趣。

# 我不劈腿——

如此自我标榜的男人
可能不仅懒得劈腿，
对生活也懒得经营，
你看到的是一种平静的幸福，
还是平淡的无趣？

# 报复型的第三者。

被抢走男友的女人，
痛苦过一段很长的时间，
伤心始终无法疗愈。
等到男人被第三者短暂占有之后又抛弃，
他在心碎之后彻悟，
终于回去找女友认错，
多半都会旧情复燃。

有个条件不错的女孩，习惯做别人的第三者。只要看到身边有女伴的男人，她都想要挑战看看。

愈是深情坚定、愈是忠厚老实、愈是负责可靠的男人，愈容易成为她下手的目标。她处心积虑去勾搭对方，等到男方上手之后，再故意露出蛛丝马迹，让他的正牌女友起疑，然后乐于看他们吵架，闹到最后分手，她才觉得自己已经成功一半。

确定男方和正牌女友分手，变得一无所有，像一条摇尾乞怜的狗，来到她的身边转圈圈，她再一脚踢开他。这时候，才算是大功告成。

她只要让自己成为史上破坏力最强大的第三者，拥有破表的战斗指数，战无不捷、攻无不克。

然后，功成身退，并没有想要被扶正。

她的主张很简单："这种轻易就会被诱拐的男人，根本不可靠！"

被她一脚踢开的男人，终于不会再联络。所以，她不关心他最后的下场如何。直到某天，在购物中心碰到一位多年前的受难者，发现他又和前女友复合，才惊讶地百思不解——为什么这些男人如此没用？这些女人还要资源回收？

显然，她不知道的事情还有很多。

她的出现，反而让那些被拆散的情侣，在破镜重圆后，更加珍惜彼此。

被抢走男友的女人，痛苦过一段很长的时间，伤心始终无法疗愈。等到男人被第三者占有之后又抛弃，他在心碎之后彻悟，终于回去找女友认错，多半都会旧情复燃。

很遗憾地，自认破坏力强大的她，没能成为最后的胜利者，反而被当成不正常的心理变态。那些受难者男人和女友，都用“可怜又可恶”来形容她。

而她之所以成为一个“报复型的第三者”，是因为童年的创伤，目睹爸爸被妈妈口中的狐狸精抢走，成为失去爸爸的女孩。

她立志长大以后，要成为很厉害的狐狸精。

这曾是一个九岁女孩卑微的愿望，竟也让她在后来的人生中，感情变得一片灰暗。

# 第三者——

尚不知道爱情
“怎么来就怎么去”的可怜、可恶女子。

# 分手后的慈善家。

为什么要对前女友好呢?
其实是因为这个男人分手后，
立刻交了新女友，
看见前女友还孤孤单单的，
于是想要弥补过去对她的亏欠。

爱情最大的遗憾在于：有些人，分手后才发现对方有多好；另一些人，在分手后才愿意好好付出给对方。

而这两种人，其实都有很类似的性格。

分手后，才发现对方有多好。显然，这个人太粗心也太白目了。当时交往的时候，他一定是个很自私的人，或许还劈腿呢！所以没有用心去体会对方的付出。可惜，他已经失去对方了。

另一种人，在分手后才愿意好好付出给对方，表示在此之前，他对感情是很吝啬的。幸运的话，对方还愿意让他以朋友的方式付出；不幸的话，两人已成陌路，就算他愿意付出，对方也无福消受了。

最近有个女性好友跟我说，她那个没缘分的前男友，交往时无论什么节日都没有表示，分手后竟然会给她送来生日礼物、圣诞礼物、情人节礼物。

她很确定对方已经有女友，而且也无意旧情复燃，纯粹只是表达对她这个前女友的善意而已。

我听完她说的话，心里感到一阵悲凉。

直觉反应是：这个男人分手后，立刻交了新女友，看见前女友还孤孤单单的，于是想要弥补过去对她的亏欠吧。

另一个更深层的悲哀是：会不会他被新的女友调教得比较成熟，懂得虚心检讨、感恩别人，所以才会有这么大的改变？

当男人在分手之后，变成一个慈善家，是他前女友最大的骄傲，也是最深的遗憾。

骄傲的是，他终于成为一个懂得付出与回馈的男人；遗憾的是，“为什么在一起的时候，你不肯对我好呢？”

身为分手后的慈善家，这个男人真的好矛盾啊！

或许他也懊恼着：为什么总要在分手后，才知道自己最爱的是谁？为什么总要到已经没办法在一起了，才千方百计想对她付出呢？

这时候，男女共同的遗憾将是：为什么不能珍惜当下？

错过的，真的比较美吗？

# 爱情的遗憾

拥有的时候不懂珍惜、
失去了之后用来怀念的空缺。

# 感情
# 经不起探测。

所谓的“考验”，
应该是人生不可能避免的困难或阻碍。
而“探测”则是因为彼此信心不足，
想要以小小的诡计，观察对方的反应。

因为工作不是很顺利，而且已经三年没加薪，她动起出国游学打工的念头。尤其她看到高中同学去加拿大游学打工回来，如愿考上空姐之后，内心受到很大激励，也想要奋力一搏。

而唯一让她感到万分犹豫的，是和男友之间的情感。像很多恋侣那样，他们吵吵闹闹、分分合合，男友从未恩断情绝地说要离开，却也没有承诺要娶她。

站在工作发展与感情婚姻的路口，她下了一着险棋，想要考验男友对感情的意志力是否足够坚定。

她跟男友说："我决定要去游学打工，大概两年才会回来。远距离恋爱很难维持，与其让我这样担心你，会不会趁我不在身边，又像上次那样跑去偷吃，我想我们还是先分手吧！"

对她来说，这是一招苦肉计；感觉男友相当配合，蹙紧眉头。他为难地说："让我考虑两个星期。"

听起来，态度还真的是满慎重啊。

这漫长的两个星期之中，她心头千回百折，最后得到男友的答复，竟然是："既然你决定这样做，我也不能为难你啊。就尊重你的决定吧。"

从此真相大白，原来他真的没有很在乎她。

朋友骂她是傻瓜，难道还心存盼望，以为他会说："放心去吧，我会等你回来。”还有更毒舌的朋友说：“他已经够厚道了，还故意假装说要考虑两个星期，有些没良心的男人，会当场分手，以求解脱。”

因此她得到一个教训：感情，是经不起考验的。

我倒觉得，并非感情真的经不起考验；而是应该要换个说法：感情，是经不起探测的。

所谓的“考验”，应该是人生不可能避免的困难或阻碍，而“探测”则是因为彼此信心不足，想要以小小的诡计，观察对方的反应。

两者最大的差别，在于双方是否真诚而且互信。

只要真诚互信，无论是多么艰难的考验，都有机会通过。但若诚信不够，再小的探测都是陷阱，徒然让双方跌落于不义的真相里——原来他爱我的程度，并不如我爱他那么多。

# 我不能为难你——

感情里一种嫁祸 的策略。
自己装无辜，
而将坏人的角色，
交由另一方继续演下去！

为难

# 七年感情空窗期。

需要关心的，不是空窗这么久的原因，
而是在这段偏长的空窗期，
当事人做了什么可以帮助自己成长的事情。

听到对方说“从上一段感情结束到现在，七年了，我没再谈过恋爱”，你的心情是悲还是喜？替他感到难过、可惜？上一段感情有伤他这么深令他那么难忘吗？或是，他真是撑得住啊！沉潜了这么长一段时间，若真的能够因此而止痛疗伤，也算好事吧。

在即将慎重地面对一段新感情的开始之前，难免都会想要知道对方的上一段维持多长？为什么原因分手？感情空窗多久？如同在职场找工作的面谈，会有很类似的提问。你上一个工作做了多长？为什么离职？中间待业多久？

同样地，工作待业太长、感情空窗太久，都不是很加分，甚至是会成为一种负面的疑虑。尤其是超过三年的空窗期，无论是感情或工作，多少都会令新的感情对象或工作雇主有些却步，而自己也会容易感觉好像“提不起劲”来。

大家比较关心，也常围绕着转的话题都是：为什么空窗这么久？但我觉得比较需要关心的，反而不是空窗这么久的原因，而是在这段偏长的空窗期，当事人做了什么可以帮助自己成长的事情。

感情空窗这么久的原因，可能有千百种：难忘旧情人，一时没有能够走出困境；一朝被蛇咬，三年怕草绳；缘分不够，没碰到真正适合的对象；分手后将重心改放在家人或工作上，因此回不去……

这些种种原因，无论是真的理由或编的借口，都随着时间经过而变得不重要，对未来比较有影响的却是：这段漫长的感情空窗期，做了些什么事？例如：上一些课程、写几本日记、多了解一点自己。

最可惜的莫过于，在漫长的感情空窗期中，什么事也没做。宅在家里、窝在棉被里、躲在回忆里。

若是这样度过上一段失恋的日子，这段感情空窗期，就不只是漫长而已，简直是空洞到令人发慌。也难怪他会无法脱离空窗的困境。他其实不是走不出去，而是动都不动，根本没有真正站起来过。

空窗期，可以是一段漫无意义的空白；也可以是准备转换的空间，就看自己如何用行动去定义它。

# 空窗期——

整理好自己的心情，
同时期待转换的美好时光。

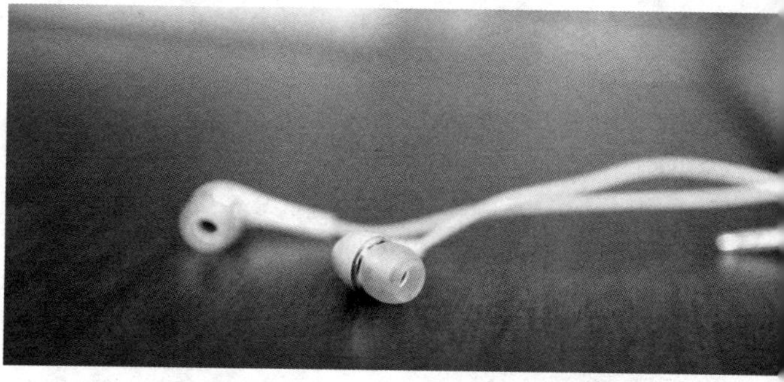

我们要学习的，
不仅是在乎自己，而且是刚刚好的在乎。

不要太过度在乎，也不要完全不在乎。

不要在乎自己，到了目中无人的程度；
也不要不在乎自己，到可以被爱伤得毫无
尊严的地步。

# Part 3

# 走远了，感谢曾经的相遇

# 最令人后悔的爱情。

世界上最令人后悔的爱情，
并非对方从一开始就抱着玩世不恭的态度，
你却始终对他一往情深，
而是你用心去尊敬一个你所爱的人，
却发现他是格调很低的人。

常听朋友诉苦，尤其是当他们碰到情伤的时候，仿佛世界末日般惊慌沮丧。尤其在劈腿盛行的年代，只要曾经被心爱的人背叛，心中都难免有说不出的悔恨，最常听见的懊恼便是：“当初，怎么会看上这样的人？”这种怨气难消的心情，我都能体会。但是因世界上还有比这些更令人后悔的爱情。相较之下，以上这些感慨似乎还在可以容忍的范围。

世界上最令人后悔的爱情，并非对方从一开始就抱着玩世不恭的态度，你却始终对他一往情深；而是你用心去尊敬一个你所爱的人，却直到分手后，才发现他是格调很低的人。会令你后悔的，不是你的眼光，也不是他的坏，而是他在你面前活生生地展示了人性最糟糕的一面。他本来伪装成很值得尊重或疼爱的人，最后露出猥琐的真相。于是，你还在未愈的情伤中，一边深情恋恋于往事，另一边却惊慌地想逃开。甚至，觉得他玷污了你，玷污了高尚的爱情。

有位女性好友，透过网络交友平台，认识一位银行主管，在网络上聊过几次，开始正式交往。第一次约会，是在下班后，她看见他西装笔挺的样子，行为举止就是一个翩翩君子，对他留下很好的印象。

那个晚上，他们吃饭后，还去播放音乐类型很迷幻的酒吧续摊。他聊起伤心的往事，激起她心底母性的同情心，很快坠入情网。尽管，后来很快地从对方的脸书中，发现他交往并不单纯的讯息。还有朋友告诉她，对方非常淫乱，经常在网络上要求交换裸照，她都不肯相信，认为那是误传的流言。直到她和他交往三个多月，原本坚定不移的信心，逐步被他难掩鬼祟的行为摧毁。她从来没有刻意要发现什么，甚至很恐惧于真相若出现时，不知道自己该如何面对，但是，他的荒唐纪录总是昭然若揭。

分手之后，她销毁各方网友寄来的证据，其实他们只是善意想告诉她这个男人有多烂而已。恶心的对话、私密的照片、挑逗的言语、性爱的影片……如果这些内容只出现在一对一的感情里，或许还可以算是闺房趣事，但是，如果他在同一时间，对不同的网友分享这些私密的图文，恐怕就会归类于变态的表现了。尤其，当他不断强调自己还处于上一段感情的疗伤期，这些猥琐的举止，只会让人想建议他去看心理医生。

相对于银行主管的身份，表现出如此没有品格的行为，的确是令人为他觉得不堪。很多女人爱的是学历不高的市井小民，甚至混江湖的兄弟，这些男人或许没有很丰富的学识，谈吐也不是很优雅，但是在专注爱一个女人这件事情上，他们展现了至高无上的情操。

曾经爱过衣冠禽兽的男人，将会是女人这一生最后悔的遭遇。他对爱情的低俗品位，和他的身份地位落差太大，真相被拆穿后，英雄变成竖仔，他的形象毁了，女人的心也碎了。

## 不悔的爱情——

告别之后，会心存感谢的这段相遇。

# 感情的体温计。

只有貌合神离的伴侣，
会感觉到的一种独特的悲哀——
彼此的身躯靠得很近，
体温依然那么暖热，
却很清楚地知道心已经冷了。

爱吃面食的我，曾经去一家知名餐厅，叫了一碗很简单的麻酱面，端上桌时香味四溢，用筷子拌开，才发现酱汁是热的，而面竟是冷的，均匀搅拌，有点扫兴地吃了一碗温度不够的面。

可想当然地，是因为生意太好，师傅先煮好面条，捞在碗底，顾客点餐后，再依照菜单所选加入酱料或热汤。

之前，我曾在一家五星级饭店的自助餐厅，现场临柜点选一小碗日式拉面，师傅就是先把面煮好，再加入汤汁。我厚颜请求师傅帮我另外下面，即使明明知道会增加对方麻烦，完全违反我的处世原则，还是硬着头皮这样做了。因为，勉强吃一碗不够热的面，即使我能够忍耐吞下，总会觉得厨师糟蹋食材，简直就是暴殄天物。

做菜和美食，除了色香味俱全，还讲究温度。除非是韩国冷面或台式凉面，其他以热食为主的面，一定要热热的才好吃。若是温温的甚至凉凉的，就很可惜了。

如同感情，温度很重要。相信每个谈过恋爱的人都知道：燃烧热情只在顷刻之间，想要延长热恋期却非常不容易，需要很多努力，才能保持恒温。但毕竟这个说法算是比较抽象，即使相爱中的两个人对当下的感情究竟算是几度，也不易说清楚，更遑论是共同的答案。

微妙的是，伴侣之间除了抽象的感情温度，还有具象的体温感应。从牵手的掌心、依靠的臂弯、拥抱的胸膛，缓缓传递彼此身体的温度。当爱还黏腻的时候，就算是夏天，再热的天气，都还是有相互取暖的必须，何况到了寒冷的冬天，更是须臾不可分离。

只有貌合神离的伴侣，会感觉到的一种独特的悲哀——彼此的身躯靠得很近，体温依然那么暖热，却很清楚地知道心已经冷了，像一碗提早被煮熟放到碗底的面条，无论加了多少滚热的汤汁，入口就知道它的味道已经不够好了。

有个女性朋友心灰意懒地对我说，昨晚上丈夫跟她坦承有小三，还为了外面的女人要跟她离婚。她不甘心地以抗议的口气对我说："怎么会这样？他上个星期还照样跟我温存……"

这是在婚姻中感情疲乏的悲哀，夫妻关系像那碗半温半热的面，汤是热的，面条是凉的。只不过在忙着果腹充饥的时候，忘了要求它整体的温度。于是，渐渐地，口感变差、味道变坏。

此刻，原本爱过的两个人，已经走上感情的穷途末路。

# 体温

爱的时候，
永远不嫌热；
不爱的时候，
靠再近都觉得冷。

# 其实是被自己骗了。

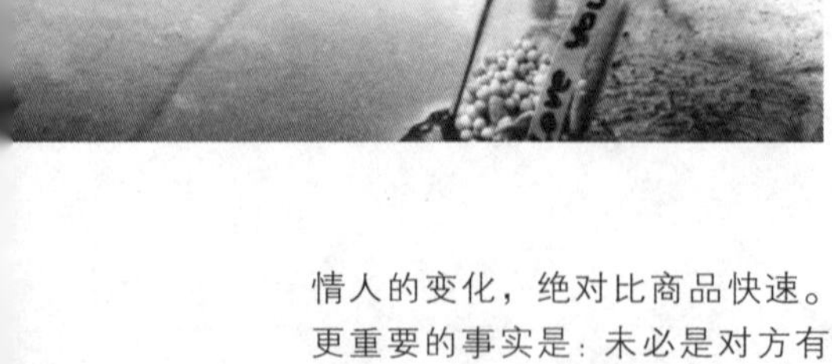

情人的变化，绝对比商品快速。
更重要的事实是：未必是对方有变化，
而是你对他的了解不够多。
对方的变化，很可能是来自你的变化，
所以也不能全怪对方。

网络上充斥着好多图片精致的美食贴文，褒贬互见。

有人千辛万苦，长途奔波，排队预约，终于吃到心中期待已久的美食，后来却大失所望。

怎么会这样？有时候是食物真的不好吃，有时候是服务态度差，有时候是场地设备欠佳，总之，就是幻灭成空。就算上述各种条件都还可以，但综合起来就是没有想象中的美好。

还有一种经验是看电影，买票进场前看的预告片精彩绝伦，在戏院内度过两小时，多半时间差点令你打瞌睡，整部片子看下来，最精彩的画面就是预告片里那短短的两分三十秒，之前你都看过了。

谁会承认自己期待太高呢？多半责怪的，都是被别人骗！这年头置入营销盛行，你看到的媒体报道、博客心得、网络试用报告，多数是厂商花钱买来的广告，挂羊头不见得卖狗肉，但可能羊头的等级太差，让你消费埋单走出店家，心情就是后悔莫及。

感情的发展，也常会经历这样的过程，当初的一见钟情，到相处几次下来，发现彼此不合适，猛然回想：决定放感情下去的时候，自己并不冲动，是经过仔细考虑过的，而今变化之快，对方迅雷不及掩耳地露出本性，才惊觉自己被骗。

负面情绪还在的时候，当然会怪罪对方骗你。时间久了、次数多了，才知道其实是被自己所骗。无论是商品广告、置入营销或帅哥美女，决定要拥有的当下，常常是觉得自己真的很欠缺，渴望立刻到手。尽管，下决定的片刻，自以为是理性的，但其实想得并不够周延。

情人的变化，绝对比商品快速。更重要的事实是：未必是对方有变化，而是你对他的了解不够多。但公平一点想吧！即使是对方的变化，很可能是来自你的变化，所以也不能全怪对方。

感情的互动，是两个人的事。感觉自己被骗的时候，不妨回头问：是否被自己所骗？

答案若是一味地归咎于对方的错误，内心的损失就无法补偿。唯有愿意承认自己错了，才会在经验中成长。

# 失望

在爱里，
堆砌出过多的期待所造成的后果，
一般来说，
最大的帮凶就是自己。

失望

# 同病相怜
# 不是爱。

从同情开始的爱情，
常因为缺少自信，
而衍生很多的委屈。
即使，还是愿意相守在一起，
但就是不容易获得真正的快乐。

如果曾经有过被抛弃的经验，通常感受都很不好。尤其在自己觉得根本没有做错什么事情的情况下，更会有一种“无故就被抛弃；对方很没良心！”的感觉，因此留下难以疗愈的伤痕。

比这个更惨的是，如果连续几次恋爱，都是对方主动提出分手，即使是经过双方协议，同意好聚好散，但因为自己并没有觉得到了“非分不可”的地步，而是在对方的软式逼迫下，为了维持风度而同意结束感情，那种连续“被抛弃”的负面感受，就会因此深植于心。

于是，下次再碰到心动的对象，基于多次“一朝被蛇咬；三年怕草绳”的恐惧感，在让自己陷入情网之前，会很想问对方“你之前的分手经验，是对方主动提出的或是你主动提出的？”这个傻问题。

如果对方也很傻地给了以下的答案，“我都是被抛弃的那一方！”，两个人就会一起傻傻地生起同病相怜的悲悯，甚至因此而决定要在一起。

套用“吸引力法则”的原理，这是比较负面的磁场，两个经常被抛弃的人，心中怀着无比的怨念，因此吸引彼此靠近。

抱着“同是天涯沦落人，相逢何必曾相识”的情怀，很容易产生盲目的好感。仿佛是把双方的信任基础，建立于“他也曾经有过多次被抛弃的经验，应该会知道那种痛苦，可能比较懂得珍惜，不会轻易背叛我”的假设上。

或许，这样的假设并不为过，很可能也有几分道理。但是，爱情的美好，应该建立于彼此的赏识之上，而不是同情。

从同情开始的爱情，常因为缺少自信，而衍生很多的委屈。

即使，还是愿意相守在一起，但就是不容易获得真正的快乐。

同病相怜的爱，藏着尚未疗愈的病态。不如先回来把创伤处理好，再开始重新去爱。

# 同病相怜

在爱中，看懂彼此的创伤，但也可能变成互揭伤疤的反射。

# 感情中自讨苦吃。

当痛苦到极致的临界点，
断然醒觉那些痛苦不是对方给的，
明白了所有的难过，
都是因为自讨苦吃。

你曾经在感情中受苦吗？或者，你现在正处于水深火热之中？

无论这份痛苦是过去式或是现在进行式，要到什么时候，才会让这份来自感情不如意的痛苦，变成生命更加成熟的救赎？

有很年轻的女孩问我："痛苦和救赎，最大的不同是什么？"我想，她必定还处于痛苦中，所以无论怎么想也不容易走出来，更难以分辨痛苦和救赎有什么不一样。

痛苦，就是痛苦。它让你不快乐，而且憎恨对方。让你很无奈地矛盾在爱与恨的纠结里，明明深深爱着对方，却又恨他到了无以复加的地步。你知道自己不该这样下去，却又周而复始地一再陷入万丈深渊。痛苦，是很有魔力的感觉，让人紧紧抓着不放，怕放开之后，自己就会失去还想要继续再爱下去的感觉。

救赎，显然不是这样的挣扎。它在你最痛苦的时候，带你离开情绪的困境，帮助你看清楚以下的事实：原来，那些痛苦不是对方给你的，而是你甘愿要让自己痛苦的。

那时的你，好傻。以为唯有让自己痛苦，才有活着的感觉；以为感情只有痛苦和麻木两种滋味。于是你逼自己二选一的结果，就是继续留在痛苦中，因为你不想要过着行尸走肉的生活。

感情最大的痛苦，莫过于对方不爱了，而你还爱着。即使对方已经离开很多年，你的怨恨还能与日俱增，如同本金加利息。无疑，那确实是一种慢性自杀行为，甚至你试图用自己的痛苦，换得对方的垂怜，你明知道对方不为所动，还是希望借此惩罚他。

可是，连这样的惩罚都已经无效。只要你能学会明白这个残酷的事实——只有你还在乎他，而他根本已经不在乎你。

当痛苦到极致的临界点，断然醒觉那些痛苦不是对方给的，明白所有的难过，都是因为自讨苦吃。你就是因为轻易让爱超过自我承载的程度而变成了恨，才会在矛盾中挣扎拉扯。唯有不再怨对方，不再怪自己，愿意承担自己该负的责任，甘心承认曾经有过的快乐，才会在放手之后释然。

此刻，那些感情的痛苦，终于成为可以让生命更加成熟的救赎。过去，未必让你不屑一顾，只不过你看待过去的眼光，多了一点慈悲的温柔。

# 爱的学习——

一次又一次的经历，
若没有让你学会一些爱的道理，
就很有可能会恶化为自讨苦吃。

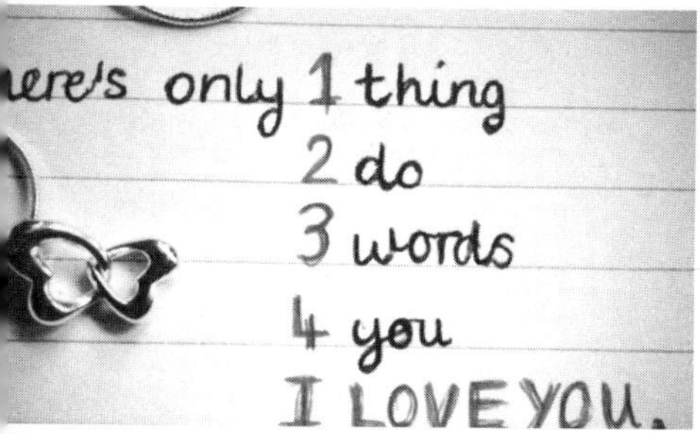

# 陪他看往事的风景。

他跟前任曾经到此一游，
那又怎样？
那些都过去了啊，
就是他跟前任无缘，
今天你才有机会站在这里。
这个想法，
会帮助你立于不败之地。

年轻的爱恋与激情，难免充满比较与忌妒。喜欢旅行的男友，带着她玩遍各地，刚开始的时候确实幸福甜蜜，但随着他表现出来经验丰富的样子，她不免开始起疑："你是不是带前女友来过这里？"

答案已经很明显，还用问吗？但痴傻的问题，既然已经说出口，能够期待对方给出怎样聪明的答案？他若是以短暂的沉默或是换个话题，应付掉这个问题，已经算是风度翩翩。

难道他应该坦率直接地回答："是啊，怎样？"或是撒谎："没有。"前者，让你一时语塞；后者，令你更不信任。两者，都会使彼此不快乐。

和情人出去游玩，最煞风景的事，莫过于问对方："你是不是和前任来过这里？"只要话一出口，保证游兴尽失。

尤其是那种喜欢打蛇随棍上的问法："那是什么时候的事？""你还是忘不了对方吧？"最容易擦枪走火。

即使你心中有些怀疑，也从对方眼底看出他的很多回忆，请静静让那部已经泛黄的电影，片片断断在他心底回放一次，不要去探问，不要去猜忌。

如果你还是很不安，只要在心中默默告诉自己：是的。他跟前任曾经到此一游，那又怎样？那些都过去了啊，就是他跟前任无缘，今天你才有机会站在这里。这个想法，会帮助你立于不败之地。

时间，确实流逝得很残酷；但是，时间也会让你因为它的稍纵即逝，而让自己变得很多情。等到年岁渐长，你变得成熟，想法和态度就会不一样。

谁没有过去？哪个人没有沧桑？当爱情的列车，一路爬升到心智成熟的缓坡段，你将发现：沿途中最美的旅程，是你愿意陪他去看往事的风景，站在山巅水涯，共同欣赏。

或沧桑，或美丽，都在一念之间。

尤其是他忘不掉的过去，需要一辈子的疗愈，终将因为你的体谅与陪伴，而让彼此的情意更加深长。

# 前任

感谢这个人的放手，
让你有机会成为“现任”。

# 最在乎的那个人。

曾经因为最在乎一个人，
而愿意付出一切努力，
让自己变得更好；
但也可能因为太在乎对方，
而让自己沉沦甚至迷失。

生命中，曾经有过一个你心中最在乎的人吗？

或许，因为阶段不同，你最在乎的这个人，对你的意义也不同。

孩童时候，你或许最在乎的是爸爸或妈妈。他的疼爱，让你感觉幸福；他的期望，让你力争上游；他的疏忽，让你变成一个没有安全感的人。

再长大一点，你最在乎的人，可能是某个玩伴或手足。他陪你度过漫长无聊的时光；他成为你学习的榜样；他让你初尝人生的聚散无常。

后来，若幸运的话，你碰到一个很好的老师，他在你快要对自己失去信心的时候，教会你如何对人生不绝望。你最在乎这位老师的原因，是不想辜负他对你的教导，你开始懂得主动追求进步成长。

终于，那个你以为会托付终身的人出现了。在恋情不够确定之前，你最在乎的是：他是否明白你的心意？正式在一起后，你最在乎的是：他是否跟你同心？缘尽情灭之后，你最在乎的是：他过得好吗？他后悔跟你分手吗？

你明明知道，他已经不在乎你，你更不必在乎他了。但你仍怨着、叹着、盼着……直到下一个你最在乎的人出现，取代他的位置。却万万没想到，这是人生的另一个恶性循环。

而且，有时候会碰到一种很可怕的状况，当对方愈不在乎你，你就愈在乎他。换个说法也成立，你愈不在乎他，他愈在乎你。

原来，我们都曾经因为最在乎一个人，而愿意付出一切努力，让自己变得更好；但是也可能因为太在乎对方，而让自己沉沦、甚至迷失。到头来才发现，我们忘了一件更重要的事——我够在乎自己吗？

我们要学习的，不仅是在乎自己，而且是刚刚好的在乎，不要太过度在乎，也不要完全不在乎。不要在乎自己，到了目中无人的程度；也不要不在乎自己，到可以被爱伤得毫无尊严的地步。

# 在乎

一种该设下停损点的情绪反应。
你最深、最好的在乎，
请留给最值得的那个人。

在乎

# 爱情最大的自信。

决定离开的当下，
或许难免残酷；
但过去的美好，
绝对不容置疑。
如果分手的副作用，
是让你否定掉从前曾经发生的一切，
那对双方都太不公平。

一段感情谈到最后，若能给相爱的双方最大的自信，并不只是：彼此变成更好的人、心智变得成熟、懂得欣赏自己的优点或才华、愿意珍惜人生的意义与价值……而是知道有一天当两人不得不分开的时候，可以无愧无憾地放手。不论，无法继续在一起的原因是什么，会是谁主动要离开，只盼必须分别的那一天，彼此都心甘情愿，给对方祝福。

很多失恋的人之所以感到心碎，心中浮现的自我旁白，往往大同小异，句型都是："我这么爱你，你怎么可以这样对我！"这句话已经足够抹杀过去两个人的一切美好，也否定了双方曾经努力的付出。

决定离开的当下，或许难免残酷；但过去的美好，绝对不容置疑。

如果分手的副作用，是让你否定掉从前曾经发生的一切，那对双方都太不公平。

我听过疗愈多年还走不出情伤的朋友，诉说过她心里始终打不开的结："我努力想要忘掉过去，并且说服自己那些都是假的、他都是骗人的，但就是做不到。"身为好友，我当然不能评论什么，只能安静地倾听。但若以一个旁观者理性的觉察，就会知道她之所以无法疗愈自己的原因——自欺欺人。

如果过去是忘不掉的，为什么要苛求自己忘掉？如果那些美好的画面，都曾经实际发生过，为什么要教自己做违心之论，说那些是假的、他是骗人的？

过去已经发生的事情，若忘不掉，就记着吧！

那些美好的画面、甜蜜的情话，在发生的当下，都是真的。

只是后来某一个原因，对方改变了想法与态度，他到站要下车了，不能因此而骗自己说，之前风光明媚的几站，都只是在黑暗中通过隧道。

真正的爱，不是在一起时你对他有多好；而是有一天必须分开时，你愿不愿意在感谢他的陪伴之后，甘心情愿地放手——放走他，或放下自己。如果做不到，表示你没有那么爱他，你对爱的自信，明显不足。

# 过去

离开爱的你，
要让过去过得去，
才能把记忆转化为
人生路上的美景。

# 万籁俱寂的街道。

我喜欢夜深人静时趴在窗边，
静静看着街道，
那些行人和车辆都已经消失无踪的画面，
沉睡了日间的尘嚣与杂念，
却苏醒了心中真正的在意与想念。

高度，是一种视野；寂静，是一种心情。

当你身处墨色黑夜的高处向下远望，就会得到既疏离又亲密的感动。疏离的是，理智的距离。亲密的是，情感的熟悉。就像心中想念的那个人，他如此贴近却又如此遥远。

有些位于海港的都市，观光客预订饭店住宿的时候，可能会面临两种选择：面向海景或街景。通常，面向海景的房间，费用比较高。很多观光客愿意多花点钱，选择海景房，甚至因此而让海景房炙手可热，在特定的假日里出现“一房难求”的热潮。

有趣的是，我的朋友懂得深自反省与忏悔，他在旅行中早出晚归，真正停留在客房里的时间很少。清晨错过海上的日出，晚上回到房间，落地窗外一片漆黑，自认为平白糟蹋了入住面向海景房间的享受。

我固然喜欢面对海景的辽阔，偶尔被安排到市景房间，也不会感到失落。老实说，我还蛮喜欢在静夜中俯瞰市区的万家灯火。随着时间渐渐入夜，人车慢慢减少，只剩下万籁俱寂的街道，偶尔一只猫从路灯下穿过。那画面很干净、很简单，但是会给人带来很丰富的想象空间。

此刻的你，睡了吗？那些我们一起走过的街道和回忆，都还醒着呢。

旅居巴黎的时光，我曾寄住于一幢堪称古迹建筑第六层的阁楼，无论晴雨晨昏，仿佛阳光和雨滴降临大地时，都会先来造访我。

透过木窗远眺，可以看到前方的巴黎铁塔，也可俯瞰邻近的街道。我喜欢夜深人静时趴在窗边，静静看着街道，那些行人和车辆都已经消失无踪的画面，沉睡了日间的尘嚣与杂念，却苏醒了心中真正的在意与想念。

偶尔，会听见木制的旋转楼梯，传来邻居夜归的脚步声，直到他很礼貌也很体贴地、小心翼翼地、轻轻带上门把。那楼梯不知道已经承载过几代人间悲欢离合，却始终安静地默默陪伴着来来往往的过客。像深夜里万籁俱寂的街道，弥漫着爱过的痕迹。

# 睡了吗？——

一个人寂静的夜里，
对那个住在心上的人，
告别每天的假想提问。

# 单身的终极利益。

真正的单身，
最可贵的不是自由，
而是可以名正言顺地放弃所有的战斗。
当我可以与自己和解，
就已经没有对手。

是对爱的恐惧，让你每次遇见可能的感情对象，都会裹足不前；还是因为从来都不想，令你即使面对明明可以心动的人，都能无欲则刚？

要经过多少失恋，那个让你一直保持单身的原因，终于才会渐渐浮现。于是你学会回答自己：没有恐惧什么，也没有特别压抑，只是我不再会轻易去爱。

对爱恐惧的说法，是个误解。仿佛单身的状态，是给过去某一个人在心上保留永远无法回来的空间。

对不起！他没那么重要；我没那么傻。

朋友口中的“无欲则刚”，若不是过度褒奖，就是另类嘲讽。每个人都需要爱，即使是已经麻木不仁的人，也不能对爱完全“无欲则刚”。而自己最清楚，尚未修炼到可以无欲的地步。

只是和做其他事情比较起来，目前暂时没有人可以勾引出内心的动力，可以让单身的人去为他破例。熬夜等电话、精心打扮自己、替对方选礼物、找美食餐厅的信息、问朋友哪部电影好看……当自由自在惯了，那些曾经为了另一个人而做的努力，都变得好累。

即使突然出现一个很愿意为爱付出的人，他说“从现在开始，这些事都交给我吧，你只要坐享其成就好”，还是无法激励出你愿意让“芝麻开门”的热情。不是他做得不好，而是你从来就不是那样可以坐享其成的人。

经历过爱情的千万风景，我们的人生并没有变成黑白的。只是有一段很长的时间，会感觉自己没有斗志了。不再需要一个对象来磨炼自己，或将就自己去配合对方。于是，选择单身。

单身的终极利益是什么？

不懂的人，都以为是我们意志消沉了。

只有已经彻底习惯单身的人，才会明白：真正的单身，最可贵的不是自由，而是可以名正言顺地放弃所有的战斗。当我可以与自己和解，就已经没有对手。

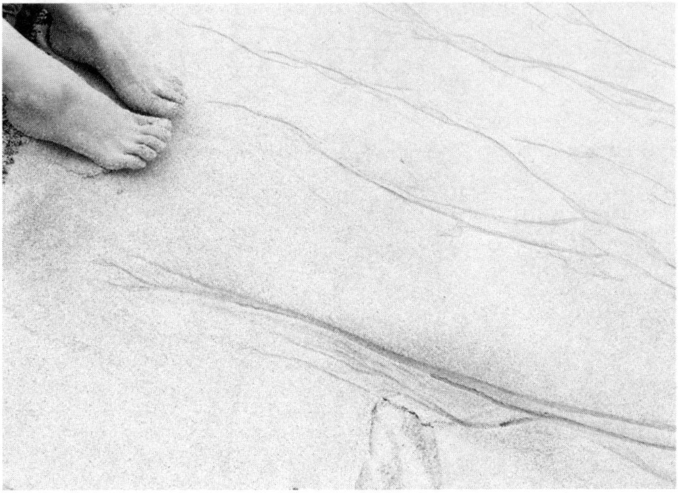

# 单身

学着和自己好好相处，
不只是为了一个人时可以快乐，
而是两个人之后也才能品味幸福。

# 分手后的
# 我爱你。

最令女人悲伤却莫过于，
当爱情还在的时候，
男人因为害羞而说不出“我爱你”，
直到分手后，
男人才说出“我爱你”。

女人都喜欢听到心爱的男人对她说“我爱你”，只要出于真心，这三个字总有凡人无法挡的魅力。

许多女人在热恋时，很难逼出男人的那句“我爱你”！然而，最令女人悲伤的却莫过于，当爱情还在的时候，男人因为害羞而说不出“我爱你”，直到分手后，男人才说出“我爱你”，就算他的语气里有多少忏悔、感谢和疼惜，女人听了只有更难过而已。

她和男友刚在一起时，情况还算好。男人说他个性腼腆，不喜欢把爱挂在嘴边，平常相处总是听不到“我爱你”，她也习以为常。偶尔在激情的时候，听见他以喃喃自语的方式说出这三个字，当作给她肢体翻滚的犒赏。后来，好一阵子，他连兴奋的时候，都把这三个字给省略了。

心地善良厚道的她，以为这是感情进展到“老夫老妻”阶段的必然；并不知道他是因为暗自劈腿有愧于心，而失去说出“我爱你！”的资格与勇气。

直到分手，她还不知道真正的原因。顶多，就是以为缘尽情灭，他已经不爱她了。

怎知道经过多年以后，他才吐露实情，招认当年感情中还有另一个女人的困境。

时过境迁，她心中的伤痕才渐渐疗愈，却在这句“其实我一直还是爱你的！”中，让血与泪一涌而尽。

这句迟来的“我爱你”，远远超过爱情的有效期限，听了还会有感伤与悸动，表示原来以为已经死了的心，并不如想象中平静。

分手后的男人回来说“我爱你”，只是为了弥补他当年的亏欠。而已经彻底心碎的女人，并不期待这样的补偿。宁愿这个不懂爱的男人，这辈子真的从来没有爱过她。

已经成为过去式的爱，多说无益。如果分手之后，你的情人回来跟你说爱，请你千万不要动摇已经放弃他的心念，人生的眼光还是要向前看啊！

# 分手后

甜蜜终止的时间点，
越过之后，
不管是甜的、是苦的，
都不是属于你的了。

分手

# 我并不是他的菜。

爱情，
有时候就是这样恼人的游戏。
众里寻他千百度，
那人却在灯火阑珊处。
总要爱过很多不适合的人，
千疮百孔之后，
才终于知道自己真正要的是什么。

女孩对男孩一见钟情，互相交换脸书，美好的爱恋正要展开。

没想到，才热烈往返讯息过了一夜，女孩变得万分沮丧。她疑惑地来找我泣诉："怎么办？从他过去交往的女友类型看起来，我明明不是他的菜。可是，他却说，我是他的最爱。"

通常这种疑难杂症，确实交由我分析就对了。

花一个多小时研究他们彼此的脸书，以及往返的私讯，立刻可以找到问题症结。男孩过去几任交往的对象，都是长发披肩、浪漫动人的女孩，而她却是留着俏丽的短发、个性利落大方的女孩。

如果，她明明不是他的菜，为什么，他会说她是他的最爱呢？

其实，从善意的角度来说，这真的是有可能的。这个男孩心中的真命天女，本来就是像她这样留着俏丽的短发、个性利落大方的女孩，只是他之前一直没有缘分可以遇到她这一类型的女孩，情海中几番寻寻觅觅、数度波波折折，终于才和她相逢。

过去的种种错误配对，只是为了印证眼前的这个人是对的。

爱情，有时候就是这样恼人的游戏。众里寻他千百度，那人却在灯火阑珊处。总要爱过很多不适合的人，千疮百孔之后，才终于知道自己真正要的是什么。于是，当真正适合自己的人出现的时候，更会百般珍惜这样难得的情分。

如果我是那个女孩，不但不会过度担心自己，可能还会带着几分的心疼。若不是我迟来得这么久，对方怎会把时间浪掷在那些根本不适合他的对象身上？

听到我用这样的角度解释，朋友反应大不同。有些朋友感同身受，有些朋友觉得自信过度。前者，只愿不计前嫌地爱在当下；后者，担心会不会只是一时意乱情迷？

然而，哪一段爱情的开始，不是意乱情迷？即使其中有一方确实有点言不由衷，甚至蓄意欺骗，我们也爱上了那样的谎言，然后在患得患失中千回百转，总要等到时过境迁，真相浮出，才知道自己赌赢或赌输。当下唯一能做的，就是好好享受吧。

保持适度的清醒，是必要的；但也别太清醒，否则永远进入不了状况。

# 对的人

好的对象，
不只取决于他很好。
更重要的是，
他也同时让你成为一个更好的人。

# 默默付出的感情。

付出比接受更困难的地方，
并不是你有多少能力或给对方什么东西？
而是我们很少可以真正知道，
对方要的究竟是什么？

是不是每个人当学生的时候，都玩过“小主人，小天使”的游戏，让你学会默默对一个人付出关心，不求回报？

然而，游戏毕竟只是游戏。即使玩的时候很认真，倒还不至于让你对得失太过在意。除非，你关怀的对象，正巧是心中最在意的人。

当游戏告一段落，真实的身份揭晓，结果会是两个人幸福地开始或尴尬地结束呢？

就像人生所有始料未及的事情一样，只要用心付出，都是难忘的经历。总要经过很多悲欢离合之后，我们才会渐渐懂了：付出比接受更困难的地方，并不是你有多少能力，或给对方什么东西，而是我们很少可以真正知道，对方要的究竟是什么。

在此之前，我们常常白花力气；在此之后，我们往往后悔不已。

唯有在适当的时机，给对方真正需要的东西，这样的付出才会变得有意义。

可惜的是，连这样付出都未必如意。

当你付出的对象，并不希望从你手中拿到这个礼物，也就是说，她或许很喜欢这个礼物，但不想跟你有所牵扯。所有的美意，都枉费了。

有个女孩正渴望着一只新手机，生日当天收到唯一的礼物，就是她梦寐以求的手机，贺卡上只有四个字：知名不具。

“好老派的浪漫啊！”身边的朋友既羡慕又嫉妒地说。

她的惊喜，变成很不确定的一团疑云，飘来飘去。

知道有人对自己默默付出，却无法回报的感觉，因人而异。有一种人理所当然地接受，毫不在意；另一种人忐忑不安，备感压力。她的心情不断徘徊，既暗自欢喜，却又忐忑不安。

送她手机的男孩，几年来都一直没有现身。

那是一份默默付出的感情，可以浓烈到生死相许，可以淡泊到只做知己，也可以什么都不是。

或许男孩心里已经有谱——即使明明知道你不爱我，我所付出的心意，既成就不了爱情，也无法升华成友谊，不如让它永远是一个幸福的谜。

# 付出

必须也是对方想要的，
才是真正无私的给予。

因为流浪太久，
而渴望一份可以暂时安顿身心的港湾，
疲累让我们降低标准、不再挑剔，

爱到昏天暗地；
但终究会有醒觉的一刻，
看到自己当时的自私和怯懦。

# Part 4

# 还拥有，牵了手就不放手

# 拥有
# 而不占有。

“拥有”是确定得到，
暂时放在手边，
还做好随时可能失去的准备；
“占有”是不但狠狠地把对方据为己有，
还逼着他失去自由。

和朋友讨论感情的特质时，有位我并不熟的女性朋友，在聚会的时候自信满满地说，她很能应对水瓶男，声称只要把握“拥有而不占有”的原则，就能让水瓶男服服帖帖，还说她用这个方法征服了很多水瓶男。坦白说，我在心中窃笑，原因是发现她的说法和事实有矛盾。若她真能把握“拥有而不占有”的原则，而且据此征服了水瓶男，为什么会有“很多”的说法，而不是和其中一个男人长久相处，感情就此固定下来呢？

那我的结论该会是什么？继续说水瓶男真的爱好自由，很难安定下来？或是说她的功力太差，还不足以驯服水瓶男？

毕竟两种说法都不周延，也很得罪人。我真正想讨论的重点是“拥有而不占有”的原则很吊诡，或者它只是一种文字游戏而已。我认真想想，所谓“拥有”和“占有”，会不会只是控制程度上的差别而已？例如：“拥有”是确定得到，暂时放在手边，还做好随时可能失去的准备；“占有”是不但狠狠地把对方据为己有，还逼着他失去自由。

无论“拥有”和“占有”差别究竟是什么，以上两种推测，都让我满害怕。对现阶段的我来说，谈感情无非就是互相陪伴的过程，说是“拥有”或“占有”，都有点沉重了点。因为，彼此都需要自由。

虽然我认识很多位知名的星座专家，也很敬佩他们精准的分析与建议，自己却很少在写作中以星座归类个案或故事的人物性格。倒是因为自己是水瓶座的关系，若听闻水瓶座有哪些特质时，总会特别关注，甚至放大检视，对照看看自己是否真的被说中。

其中有关水瓶座爱好自由的说法，最能说服我相信这确实是真的。客观来讲，谁不爱好自由呢？很多人都害怕被捆绑的感觉。但是因为年岁渐长，对人生有些粗浅的了悟，应对之道，是用自律换取更多自由。简单而具体的做法，举例来说，就是抢先把工作做完，就可以有更多时间玩乐，而不是为了玩乐，放弃分内该做的事。

我热爱工作，但并不是跟工作谈恋爱，我没那么变态；而且我深知工作和感情的差别。感情到了某个境界，是你不需要拥有我，我也不需要拥有你，相互之间除了珍惜，还有一些很必要的礼貌与尊重。

才女陈文茜在她广播节目的小片头中，说了一句经典文案——“我抓不住你，你也不用抓住我”，套用的是我们小时候传统相机胶卷的广告词，却是现代感情最高境界的诠释。

或许就是因为能够到达这个境界的人为数不多，所以单身成了想要自由的人，在感情世界里唯一的、也是最好的选择。

# 拥有

若能保存自由的成分，
两人之间将沉浸在最温柔的眷恋中。

# 幸福的概率。

真正可以让人生重新开始的，
是船过水无痕的坦然，
不要记忆、不要负担、不要借口。
像初恋那样，既觉得没有把握，
却愿意把全世界都给对方。

如果按照统计学的理论，每次恋爱都应该是独立事件，若在展开恋爱之初，预估这段感情成败的概率，应该是各占百分之五十。即使你再多么保守或悲观，都有一半的成功概率。

然而，这只是学术的、理智的统计，真正的恋爱并非如此。每次恋爱看似是一个独立事件，但其实它从来就不单独存在。这次的恋爱发展，受上一次的感情的过程与结果影响甚巨。

不幸的是，之所以会开始下一段感情，多半表示上一次感情并不顺利，才会导致分手的结局。甚至，心中还残留着很深的阴影，挥之不去。愈是这样，新恋情成功的概率愈低。

千万不要相信“用一段新的感情，可以疗愈上一段感情的创伤”这样的说法，它只会让你尝到“旧疤未愈，新伤更痛”的滋味。

唯一的例外是，结束上一段感情时，双方并没有任何失恋的感觉，就是很单纯地觉得彼此不合适，好好说再见，并且心存感激，谢谢他这样对待你，而你也愿意祝福对方。

对上一段已经分手的感情，心中毫无芥蒂，既没有牵挂，也没有悔恨，更没有愧疚，情绪上彻底地切割清楚，理智里也没有任何负面印象。开始下一段感情时，才能算是一个独立的事件，成败概率才能从百分之五十算起。否则，想要修成正果，只会愈来愈吃力，成功概率再创新低。

当感情告终，你的心可以重新归零吗？如果还残存着些什么，那会是养分还是阴影？

两段感情之间，会是完全独立的事件吗？当你离开一个爱过的人之后，无论隔了多久，可以投入另一段感情，并且让人生重新开始的凭借，其实应该是船过水无痕的坦然，不要记忆、不要负担、不要借口。像初恋那样，既觉得没有把握，却愿意把全世界都给对方。那么愚笨，又那么勇敢。

世界上的很多事，有些经验会是比较好的。唯独感情这件事，所有的经验未必是好的。除非，你已经懂得如何正向地看待过往。

# 爱的算计

想要让爱变成加分题，
就必须愿意和对方从零开始。

算计

# 确定真的要放手。

处理分手，
需要靠理性决定，
不能让感性牵着鼻子走。
当你说再见的态度不够坚定，
对方相对地会感到困惑。
就像一个句点，
留下不完整的缺口。

面对人生中的每一次分离，从来就不是简单的事。无论必须面对分离的原因，能够好好说再见，是最基本的处理原则，却也是最难做到的境界。

若不能做到好聚好散，就算当下有些情绪还没有处理完毕，至少让自己全身而退，悲伤可以慢慢处理。最不堪的分手状态，其实并非走的时候，没有优雅地转身；而是明明跟自己说好要放手了，却又欲走还留！

处理分手，需要靠理性决定，不能让感性牵着鼻子走。当你说再见的态度不够坚定，对方相对地会感到困惑。这就像是一个句点，留下不完整的缺口。你在泪眼蒙眬中看这个世界，犹如视力检查表上每个有缺口的圆圈，你分不清楚上下左右，搞得对方无所适从，对方也不知道该怎么做。

在感情必须做出抉择的时候，用纠缠不清的态度去处理，只会徒增彼此的困扰，也让对方看轻你。

有个女孩的情况是这样的。她和男友相处五年，中间完全没有第三者，只是时间久了，感情淡了，很多她认为必须要改变的相处模式，男友都置之不理。于是，她以忍无可忍的姿态，跟他提出分手。

当下他有点错愕，但基于过去的一份爱，他还是同意成全她的自由。

没想到她竟很懊恼地说："难道你真的可以说放就放，完全不顾过去多年来累积的感情基础？"男友愈听愈模糊，搞不清楚她真正的意图。

说好要放手了，却又欲走还留！这样的实例，在办公室也常发生。当遭遇不平的对待，或心中有股怨气难消，就愤而提出辞呈，以为有可能主管会慰留。殊不知主管即使开口慰留，对这个人的忠诚度也打折扣了。

有个好友跟我分享她的悲伤经验。她说："有时候选择放手，是因为自己真的已经不爱了；有时候选择放手，是因为发现自己爱得比对方多太多。"身为好友，我支持她放手的决定，却未必完全接受她的理由。

真正的爱，不会因为责怪对方没有把我的手牵紧，就因为埋怨而贸然地决定放开他的手。那只是不成熟的赌气，不是真正的爱。如果你真的爱对方，就不要欲走还留。

# 成全

彼此都知道会后悔，
明白自己给不了，
也只能给对方其他幸福的可能。

# 我曾伤过你的心。

感情中的很多伤害，
未必对方主动挥剑而来，
有时候是自己想不开，
带着脆弱的心，
挺身冲向那最危险的地带。

回想所有我听过的伤心故事，好像绝大多数都是被别人所伤害的经验，几乎没有几个朋友向我自首，曾经如何伤了别人的心。

那是因为当我们被伤害时的痛苦太深刻、记忆得太久；或是因为当我们让别人伤心的时候，都理所当然或毫不自觉？

用一个很粗俗的比喻方式，就是当我们挨打的时候，都知道会痛；哪天有意或无意间撞到别人，只要对方若无其事地走开了，我们是不会了解对方疼痛的感觉。

而且，如果一个人从未挨打过，他就永远不知道痛是什么。那些在情场上不断伤害别人的人，都是这样的典型。他没有挨打过，不知道痛的感觉，伤害别人以后，也不知道那样做会造成别人的痛苦。所以，一再让别人受伤。

如果，曾经狠狠被伤害过，就不会用同样的方式去伤害别人。除非，你完全不爱他，或因为迁怒而蓄意报复。

“已所不欲，勿施于人！”这个道理我们都懂啊！偏偏我爱的那个人，他根本不爱他自己了，又怎会在意我会不会痛？而更令自己吃惊的是，当我小心翼翼不去伤害别人的时候，竟也会有人被我所伤。

感情，果然是一把锋利的剑；游走江湖，难道就没人躲得过？

时隔多年以后，听见朋友口耳相传而来，说我曾经那样深深地伤过你的心，还真是有百感交集的意外——都分开好几年了，你还在意我跟谁在一起，做了什么？

从不想伤害你的我，因此懂得了感情中留下的很多疮疤，未必是当时对方主动挥剑而来，有时候是自己想不开，带着脆弱的心，挺身冲向那最危险的地带。

我曾伤过你的心！啊，我感到多么地抱歉！但也容许我有那么一点点小小的骄傲，可以吗？我竟然也有本事伤过你，我一直以为你的心，早已经坚强到了刀枪不入的地步了，而自己一直是感情的受害者。

原来，我们都错估对方了。当残余的爱没有清除干净，留在心上某个角落的记忆，就是伤口的所在。

# 伤害

在爱情中，
越是用力就越是痛苦的双刃刃。

# 宁愿暧昧 不肯爱。

爱情的道路，或许是峰回路转、柳暗花明；
对于那些迟迟不肯启程的人，
所有关于探险的乐趣，
只能停留在欣赏地图的想象。

听一个朋友跟我分享他失恋后的疗伤故事，无意间发现他总是不断地提到一个关键词句："后来几个和我搞过暧昧的人……"经过我慎重确认："自从结束那段感情之后，你是不是已经无法真心投入下一段恋爱？"他惊呼从来没有察觉自己有这样的转变，需要好好重新思考。

他的故事太长，连擅长分析归纳的我，都不知道该如何浓缩精简，或直接跳跃从哪一段开始。总之，就是结束一段分分合合长达十年的感情后，他陆陆续续有些可能交往的对象，但没有和任何一个人固定下来好好交往。

自称十分渴望幸福的他，可以很潇洒地和一看就知道不可能相守的女生发生一夜情，碰到真正会心动的女孩却只能停留在暧昧的阶段，即使对方煎熬不过内心的挣扎，而主动向他告白，他都还是迟迟无法承诺要进入正式谈恋爱的阶段。

我问他："为什么不呢？"

他说："我怕彼此只是一时的冲动！"

恋爱的开始，确实有两种可能：一见钟情或日久生情。我们很难说"一时的冲动"就不会是幸福的开始。表面看来，他的态度确实是很慎重；但是，他其实是害怕再度受伤。

我想起另一个女孩的故事，她曾经碰到暧昧高手，对方和她搞了十年的暧昧，直到她婚后，每年还会寄充满祝福的贺卡给她，而且很文青地写着感性的话：“细雪和冬阳，都是我的关怀与祝福。等春风一来，幸福就会绽开。”

婚前，她曾挣扎地问自己：“要不要干脆把话说清楚，给他一个追求的机会？”后来她仍理智地拒绝自己的这个提案，理由是：这样的男孩对幸福太没有担当。

她说对了。一个只肯把爱停留在暧昧的阶段，从不肯正式进入恋爱状态的男人，未免太投机取巧。他的感情策略，或许是“进可攻、退可守”，但女孩有多少青春可以等待？

爱情的道路，可能是峰回路转、柳暗花明；对于那些迟迟不肯启程的人，所有关于探险的乐趣，只能停留在欣赏地图的想象。他不是对爱情没信心，而是对自己没信心。

# 一时冲动

不怕伤害的一头热，
需要两个人在
爱情里的同时盲目。

# 因为累了
# 所以爱了。

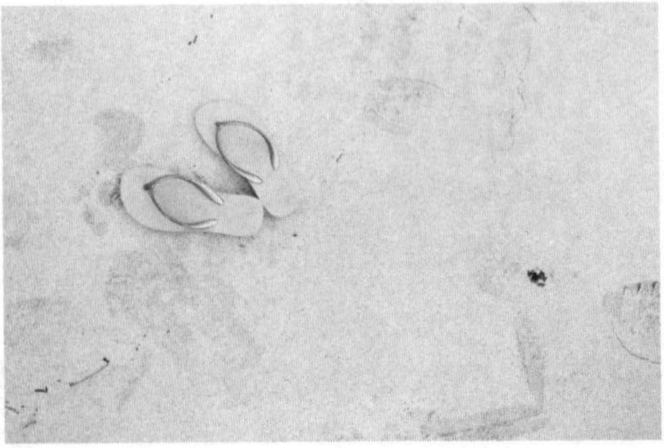

爱情来的时候，我们常把眼光放在对方条件好不好，
适合不适合，很少回来问自己，
身心状况是否足够与之应和，或只是累了，所以爱了。

爱情，不是都令人亢奋吗？

大多数的时候，是的。

很微妙的是，很少数的时候，也不一定是这样的。

三十来岁，我有过很特别的经验，一段很短的恋情，爱得非常投入，分得特别痛苦。事隔多年以后，再去回想那段时光，其实我没有真正那么深地爱对方，只是那段期间，因为我实在太累了，所以爱了。

那时的爱情，像一张悬吊在两棵树中间的吊床，让已经跋山涉水到体力不支的我，疲累到可以躺下倒头就睡的程度。而且，迷蒙的梦幻中，我还能感觉四周的阳光好温暖、清风很柔和、绿草正清新……醒来，伸伸饱足的懒腰，才发现那不是我可以久留的地方，只是太累了，没有体力向前走，所以躺了一下。

回顾这段经验，必须忏悔当时的自私；幸好对方算是心智成熟，而且也没有看好这一段，所以能够好聚好散。

毋庸置疑地，以长久的眼光来看，若想好好睡一觉，席梦思会比吊床舒服。然而，每个人在找到生命的席梦思之前，多少都躺过几张并不真正舒适的吊床。过渡期的时间长短，或许因人而异，但跟当时的体力，也不无关系。

一位女性朋友有过很类似的经验，她跟男友在一起五年，身边的好友都说他们不相衬，她却在他身上得到前所未有的安全感与快乐。腻在他怀里的那段日子，她变成一个超级懒散的好命女，不用付出心意和劳力，就得到满满的爱。

后来，她因为活得完全不像自己，而带着深深的愧疚离开。感谢他当时愿意收留一个疲惫的女人，当她养精蓄锐后，重新有了体力，必须再度开启孤独的旅程。

爱情来的时候，我们常把眼光放在对方条件好不好，适合不适合，很少回来问自己：身心状况是否足够与之应和？或只是累了，所以爱了。

因为流浪太久，而渴望一个可以暂时安顿身心的港湾，疲累让我们降低标准、不再挑剔，爱到昏天暗地；但终究会有醒觉的一刻，看到自己当时的自私和怯懦。

# 累了——

想要放弃，
或安顿下来的念头。

累了

# 其实我配不上你。

以“其实我配不上你”说辞提出分手，
只有两种可能：
一种是真正的理由，
另一种是假装的借口。
但即使这是真正的理由，
未必可以说服对方。

两人交往一段时间之后，才以“其实我配不上你”为理由分手，表面上好像比较不伤人，实际上并不会比较容易被接受。

以“其实我配不上你”这种说辞提出分手，只有两种可能，一种是真正的理由，另一种是假装的借口。但即使这是真正的理由，未必可以说服对方。她的男友在交往三年之后，用这个理由提出分手，她就相当不能接受，心里更难过。

当初决定要正式交往之前，她已经单刀直入问过对方：“你不会介意我的学历比你高吧？”因为她是修到硕士学位，男友是高中毕业。她本身觉得没关系，但男友的几位好友曾表示，将来论及婚嫁时这铁定会是个问题。当时男友斩钉截铁说：“我会证明给大家看，这不会是问题。”

后来他去补习班报名，计划考公职，却只有三分钟热度，上了几个星期的课，就以“白天工作很累”为由，经常缺课。后来，连续两年都没有考上公职。热恋期过了，感情淡了，之前以为不是问题的问题，慢慢浮现了。最后，竟以“其实我配不上你”为理由分手。或许它是事实，但很难接受。

令她感到气馁的是：他为什么不努力一点、长进一点，积极去追赶两人之间所谓“配不上”的距离，而就这样轻言放弃？更何况这是交往之初就知道的事情，那时不介意，现在变成问题，真的很难令人心服。

另一种把“其实我配不上你”当借口以求分手的状况，就更令人不堪了。有过这种痛苦经验的另一个男性友人回忆分手的时候，他气急败坏地问女友说：“论外貌、能力、家世，你哪一点配不上我？”她想了很久竟回答：“是很无形的东西，我也说不上来，反正我就是配不上你。”

分手多年后，回想起来，他终于懂了，那个女孩唯一配不上他的地方，就是他爱她比她爱他，多了很多。然而，在这种有关谁付出的爱比较多的感情擂台竞赛胜出，并不会令他快乐。他宁愿她爱他，爱得比较多，这样就不会分手。

# 配不上

爱的多寡，
就是心里最真实的度量规格，
其他的只是美其名的借口。

# 在爱中
# 进退失据。

如果你的安定，换来对方的飘移，
痛失所爱的苦楚固然令你感到遗憾；
但不妨同情悲悯他对爱的感觉如此匮乏，
才会贪多无厌地把腿劈开。

她觉得对方老实可靠，和他交往时，她非常放心，从不随便起疑，也不过问他的去处。几年相处下来，她以为就会这样幸福下去。但没想到，就在即将庆祝交往三周年纪念日的前夕，发现他和她交往以来，多次劈腿，至今仍跟另一个女孩互有往来。

朋友都说她傻，不懂得在爱中观察，对待他的态度过于松懈，才会让他有机会偷吃漏网之鱼。其实她并非真的是神经非常大条的女孩，而是不喜欢把恋爱谈得像谍对谍一般，时间久了就容易令人欲振乏力。

来回比对几次朋友的忠告，和自己的想法，她在爱中进退失据，不晓得究竟如何拿捏分寸，才算适宜。

当然也会有另一些朋友安慰她，这是遇人不淑，和如何拿捏掌控的分寸，没有关系。只要碰到对的人，就不会有“究竟该监控到什么程度，才算是合宜？”的问题。

在爱中如何给彼此足够的空气，得以自由呼吸？如何关心对方到不会踩到红线的礼貌距离？对于刚开始相爱的人来说，或许不是很容易。

很多人会以成败论英雄，甚至后悔说：“早知道我就看紧一点（或放松一些），这段感情就不会被我搞砸了。”但爱的千变万化，反而是两个人相处时必须面对的常态。看紧一点或放松一些，未必会帮你留住对方。比较需要留意的，反而是相处时的每一天，双方是否安心自在。

如果你的安定，换来对方的飘移，痛失所爱的苦楚，固然令你感到遗憾；但不妨同情悲悯他对爱的感觉如此匮乏，才会贪多无厌地把腿劈开。对感情不忠的人，看起来好像很快乐，其实他内心是非常空虚的。

有一天，转身回头，再看看那段已经变成尘封回忆的爱情，你会发现：过去的恋情，像是一只坏掉的时钟，无论上发条或换电池，标记时间的时针、分针、秒针都不再移动，时间停留在分手的那一分、那一秒。所有的遗憾和感动，都早已静止在岁月中。

# 遗憾

原以为会拥有，
后来终究失去。

# 自由却未必快乐。

当我们心有所属，
都甘愿被囚禁。
直到有一天，
出现不得不分开的理由，
才会发现：
只要心中还有对爱的眷恋，
重获自由之后，
却未必比较快乐。

经过邻近小区的资源回收中心，看到门口有几个大大小小、高高低低的木框鸟笼，都是被主人弃置的高档货，看起来至少八成新。有圆形的、有方形的；有二三十厘米高的，也有超过一百厘米高的。不分大小、无论形状，它们却有共同的样貌，就是——失落。

人去楼空；鸟飞笼寂。

这景象，竟如此触目惊心。

鸟儿呢？是自己乘机飞走，还是主人不要它了？或是得了什么重病，无法继续陪伴主人？

也许原因各有不同；但相同的结果是：鸟儿不在，主人连笼子都不要了。他没想再养其他的鸟；也不想留着鸟笼触景生情，徒惹伤心。

而这些精致的鸟笼，当初必定是费心挑选过啊！而今空荡荡地被堆放在资源回收中心门口，像陈列爱情遗迹，供来往路人瞻仰。

曾经被豢养在家里的飞鸟，就像每个人心中的爱情。当我们心有所属，都甘愿被囚禁。直到有一天，出现不得不分开的理由，才会发现：只要心中还有对爱的眷恋，重获自由之后，却未必比较快乐。每个失去爱鸟的空笼，呈现欠缺幸福的样貌。

如果被弃置的，是几个陈旧破烂的鸟笼，曾经有的幸福，可能更为丰厚。空荡的寂寥，加倍难以消磨。

据我所知，这个资源回收中心的管理员，本身也是一位爱鸟人士，我还亲眼看过他亲手制作木架鸟笼，那种专注要给鸟儿一个家的神情，曾经让我动容。

尽管，在邻居眼中的他，相当沉默，不爱跟人打交道，偶尔喝点小酒，还曾醉卧于单身住家的门口。幸福，对他来说，也像是眼前这些被弃置的鸟笼，敞开着栅栏，仿佛可以来去自如，但其实只是徒具形式。

没有鸟的笼，只是一个木架而已；没有渴望爱的心，人生只剩下行尸走肉。

# 自由自在

其实，
一个人自由，
却未必能自在。
学会自处，
才是一辈子爱的课题。

# 单身的幸福晚餐。

无论早餐、午餐或晚餐，
唯有懂得享受孤独的人，
才会知道：
一个人的餐饭里，
有最大的自由和最深的寂寞。

我应该算是一个很幸福的人吧，因为我几乎不曾单独吃晚餐。如果有那样的机会，必须独自享用晚餐，我想我会任性一次，干脆不要吃了。像修行人那样，过午不食，让生理的胃肠和心灵的空间都可以清净。

朋友听了我的说法，反应很吃惊："你一定要过得这么凄凉吗？"后来，自认为很有同理心的他，继续补上一枪，"哈，我知道啦，你现在是名人，不好意思独自去吃路边摊。"

我懒得跟他争辩！其实我觉得：偶尔过午不食，是难得的幸福，还可以锻炼身心；他却觉得很凄凉。而且，我不爱独自去外头吃饭，并非一天两天的习惯，跟我是不是名人完全无关。从学生时代，我就不爱独自去吃午餐，若是因为时间不巧，找不到同学一起去吃饭，宁可买便当回宿舍吃，感觉自在很多。

我曾深自反省，问题在哪里。很快就有答案：一个人吃饭时，不晓得要把眼光放在哪里。若是只对着餐桌上的佳肴，未免太寂寞了。单人份的餐点，总是不会叫得太多。如果把眼神放空，眼睛看着窗外，嘴里细嚼慢咽，确实凄凉。假使盯着别的餐桌的陌生人生望，会不会给别人带来困扰或误解，还以为我虎视眈眈想看他吃什么？

当然，我也很快找到解套的办法。到国外出差时，住宿饭店多半附赠早餐。我都会带本书下楼吃饭，让牛奶、土司和煎蛋都沾点书香。只要有书为伍，连一个人的早餐都可以丰盛起来。

我想到从前有一位个性很孤僻的女同事，她为避开跟别人吃午餐，总是故意忙到午后快要一点，才匆匆出去吃饭。曾经觉得她满刻意要孤僻的，后来才知道那需要多大的勇气与坚强。

无论早餐、午餐或晚餐，唯有懂得享受孤独的人，才会知道：一个人的餐饭里，有最大的自由和最深的寂寞。我再也不用礼貌地招呼你想吃点什么，也不必为了配合两个人点餐，而必须妥协彼此的口味。

难以置信的是，有些餐厅竟还明目张胆地表示：尖峰时段，不欢迎顾客单独一个人用餐；否则，不是要并桌，就是要加价。

这种餐厅的老板，若非不懂得享受孤独，就是太知道其中的美妙滋味，才让顾客付出更多价钱，品味寂寞的幸福。

# 单身晚餐

陪着一起吃饭的，
还有不必妥协的自在。

# 最幸福的抱着睡。

最幸福的抱着睡，
是在最不需要特别主张自我意识的时候，
基于没有任何条件的信赖，
于是可以安心地信赖。

距离上一段恋情结束，已经半年多。他仍在寻觅下一段感情，很难得地自我检讨，看看有哪些需要改进的地方。

随口突然聊起他和前女友的亲密关系时，他有点愧疚地说："每次激情过后，她都希望跟我抱着睡，可是我都故意把她踢开，叫她滚回她的床上。"他的用字遣词，虽然蛮有点大男人主义，但我能听出他淡淡的悔意。

回想起从青少年时期开始，当我们对爱情有些懵懵懂懂的憧憬，看到西洋电影上的情侣或夫妻，几乎都是赤裸裸抱着睡，纤细的女性身躯，柔软地窝在男人壮硕的胸膛上，这个画面成为少男少女心中对于未来幸福的向往，总以为长大之后的某一天，也可以像男主角或女主角一样，和心爱的人紧紧依偎着，以倾听彼此心跳的浪漫之姿，甜甜地进入梦乡。

直到我们爱过几个人，经过几段恋情，尝试过几次抱着睡的经验，才知道未必人人适合、次次舒适、夜夜美好。

或许，是因为体形；或许，是因为姿势；或许，是因为温度；或许，是因为气氛；或许，是因为习惯；或许……还有很多连自己和对方都不清楚的原因。总之，某个缠绵过后，很尽力想抱着对方却一直睡不着的夜晚，终于学会面对这个残酷的事实：原来，并不真正想要跟对方抱着睡觉。

此刻，突然很想挣脱这个曾经盼望很久的怀抱，回到一个人可以独自霸占整张床的豪放。未必是不爱对方了，只是不想抱着睡。

于是怀念起母亲或父亲给过最初的臂弯，那是每个婴儿曾经全然把自己托付出去的温柔怀抱。我们终于明白：最幸福的抱着睡，是在最不需要特别主张自我意识的时候，基于没有任何条件的信赖，于是可以安心地依赖。

如果长大以后，还能拥有这般可以安顿身心的怀抱，让彼此甜蜜进入梦乡，那真是上辈子修来的幸福啊！

# 一个人睡的幸福

睡前还可以安心地信赖
并思念那个不在身边的人，
不管他会不会知道。

# 和所爱的人终老。

中年，是个回头看已经错过很多，
往前看还有一些希望的阶段。
关于人生，双方都不勉强；
感情，于是豁然开朗。

年轻的时候，当我热烈地爱着一个人，总信誓旦旦地说，要跟他终老！走在路上，我羡慕过携手同行的老夫老妻；路经深山的公园，我以崇拜的眼神，尊敬着骑车上山赏月的银发伴侣。

是的。和绝大多数的恋人同样，我们都以为这样深深爱着，就一生一世了。非得经历过感情的背叛、运命的捉弄，再度落单之后，踽踽独行于天涯，才会知道“执子之手，与子偕老”有多么难得。

正因为难得，所以若是能得，那真是太幸运。

能够和所爱的人终老，如果你们相遇在很年轻的时候，要历经的考验势必很多：学业、工作、金钱、家人、婚姻、外遇、子女、父母等问题，里面充满大大小小的考验与陷阱。

逐一通过每项考验，才有机会往“一起终老”的方向前进。即使是这样，“一起终老”仍只是一种甜蜜而幸福的想象而已。

人到中年，有过几段感情，换过几次工作，生过几场病，甚至结束一段婚姻，送走一位或两位至亲的体会，慢慢知道“一起终老”的可贵，也才了解两个人“一起终老”，所需要的并不是浪漫的激情，而是很多的包容、很深的谦虚、很大的勇气……还有，很丰富的生活技能，包括：厨师、看护、修马桶、换灯管、改裤长、心理咨商、创伤疗愈、理财规划。

当你的眼角有岁月的风雪、他的发鬓有时光的银霜、彼此的人生有些微的遗憾，然后两人相遇在体力渐渐不如当年，而梦想愈来愈柔软的地方。此刻，你看人的眼神不再锐利，他待人的方式不再苛求，彼此对望一眼，互相觉得心安。

岁月无惊，来日方长。中年，是个回头看已经错过很多，往前看还有一些希望的阶段。关于人生，双方都不勉强；感情，于是豁然开朗。

想和你一起终老！在我们还能走的时候，携手相互陪伴；看谁先走不动，另一个愿意守在病床——或许，那张床也是我们曾经缠绵过千百个夜晚的地方。

# 想和你一起终老——

比“我爱你”还要来得深切的温暖承诺。

# 相爱在最后一世。

如果，
我们在此生之后不会重返人间；
每一次相遇、每一段关系，
都将是灵魂的最后一次经历。
但是否必须因为这样，
我们才懂得完整的接纳与万般的珍惜？

你相信轮回吗？你的前世曾从哪里来，你的来生将往何处去？

当你遇见最爱的人，在某些时刻，是否有过前世今生的感觉——有点似曾相识的熟悉，或许是千百年前的一段厮守或一次错过，而今生终于再见。惊喜于久别重逢，叹慰着别来无恙。

好友送给我一本书，讲述印度纳迪叶的传奇，追寻灵性成长的有缘人会找到一片专属于自己的叶子，上面记载了前世今生的种种来历。你的父、你的母、你的手足、你的伴侣……属于这本书作者的那片叶子记载，这是她在地球的最后一世。因此，她更懂得接纳与珍惜。

如果，我们在此生之后不会重返人间；每一次相遇、每一段关系，都将是灵魂的最后一次经历。但是否必须因为这样，我们才懂得完整的接纳与万般的珍惜？

并非每个人都有机会透过灵性的专家，找到专属于自己的纳迪叶。或许，有些人可以透过别的方式或不同的灵媒，完整地解析前世今生的脉络。而我的疑问总是：接下来呢？知道自己的前世是个王子或奴仆，这一生就会活得更甘愿、更臣服吗？

其实，每一段深刻付出的感情，都教人生死相许。即便肉身还在，灵魂未灭，在失去所爱的人那一刹间，我们都好像死过一次那样。不只是痛苦的程度，还有彻底的告别，都让我们觉得，在挥别感情的当下，破碎的心已经往生。

若真的是这样，每一次的爱情，都是一次生死轮回。所以，现在就当作我们相爱在彼此的最后一世吧，无论之前我们错过了多少，也不要期待来生再弥补些什么，只求无怨无悔、无憾无恨地尽情相爱一场，就已经足够了。

你可以不相信轮回，你可以不问前世从哪里来，你可以不问来生将往何处去，但你一定要相信此生的现在，我用最后一世的心情，与你相爱。

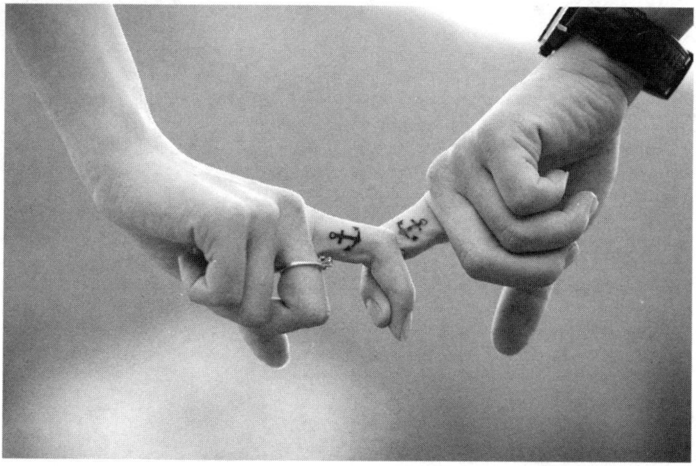

# 生死相许

在有生之年，
一直守着彼此承诺的两颗心。

版权登记号：01-2014-7386

**图书在版编目(CIP)数据**

眼泪是灰烬里的钻石 / 吴若权著. —北京：现代出版社，2015.5
ISBN 978-7-5143-3453-1

Ⅰ. ①眼… Ⅱ. ①吴… Ⅲ. ①恋爱心理学－通俗读物
Ⅳ. ①C913.1-49

中国版本图书馆CIP数据核字(2015)第066808号

原书名《眼泪是灰烬里的钻石》，经作者授权在中国大陆地区独家出版发行。

**眼泪是灰烬里的钻石**

---

**作　　者**　吴若权
**责任编辑**　赵海燕
**出版发行**　现代出版社
**通讯地址**　北京市安定门外安华里504号
**邮政编码**　100011
**电　　话**　010-64267325　64245264（传真）
**网　　址**　www.1980xd.com
**电子邮箱**　xiandai@cnpitc.com.cn
**印　　刷**　北京画中画印刷有限公司
**开　　本**　890mm × 1240mm　1/32
**印　　张**　7
**版　　次**　2015年6月第1版　2015年6月第1次印刷
**书　　号**　ISBN 978-7-5143-3453-1
**定　　价**　32.00元

---